全国高等医药院校药学类专业第六轮规划教材

U0746345

药学大学生职业生涯规划与就业指导

（供药学类及相关专业用）

主　编　孟一的
副主编　冯莹莹　孙晓冬　罗玉晶　茅以诚
编　者　（以姓氏笔画为序）

王淑红（沈阳药科大学）　　　　生　阳（沈阳药科大学）

冯莹莹（沈阳药科大学）　　　　朱庆帝（沈阳药科大学）

孙晓冬（沈阳药科大学）　　　　李　岩（沈阳药科大学）

李　哲（沈阳药科大学）　　　　杨　晶（沈阳药科大学）

吴恩华（沈阳药科大学）　　　　沈　伟（沈阳药科大学）

张玉博（沈阳药科大学）　　　　张达盼（沈阳药科大学）

茅以诚（复旦大学药学院）　　　罗玉晶（沈阳药科大学）

金珉丞（沈阳药科大学）　　　　孟一的（沈阳药科大学）

类红瑞（沈阳药科大学）　　　　姚志昆（沈阳药科大学）

徐冬梅（沈阳药科大学）　　　　盛春辉（沈阳药科大学）

董晓辉（沈阳药科大学）　　　　蔡媛媛（江西中医药大学）

中国健康传媒集团

中国医药科技出版社

内 容 提 要

　　本教材是"全国高等医药院校药学类专业第六轮规划教材"之一，系根据本套教材的指导思想和原则要求编写而成。作为药学类专业大学生职业生涯规划与就业指导课程的教材，旨在为药学类专业大学生提供系统、科学的职业生涯规划方法与务实、高效的求职择业策略。本教材围绕"职业生涯规划"与"就业指导"两大核心主题，共分为八章，内容涵盖唤醒生涯意识、探索专业与职业世界、了解个人特质、发挥能力优势、进行职业抉择、掌握就业政策与就业信息、提升求职技能以及就业签约与权益保护。本教材为书网融合教材，即纸质版教材有机融合电子教材，教学配套资源。

　　本教材主要供全国高等医药院校药学类及相关专业师生使用。

图书在版编目（CIP）数据

　　药学大学生职业生涯规划与就业指导／孟一的主编.
北京：中国医药科技出版社，2025. 4. -- （全国高等医
药院校药学类专业第六轮规划教材）. -- ISBN 978-7
-5214-5266-2

　　Ⅰ. G647.38

　　中国国家版本馆 CIP 数据核字第 2025XD7493 号

美术编辑　陈君杞
版式设计　友全图文

出版　**中国健康传媒集团** | 中国医药科技出版社
地址　北京市海淀区文慧园北路甲 22 号
邮编　100082
电话　发行：010 – 62227427　邮购：010 – 62236938
网址　www.cmstp.com
规格　889mm×1194mm $^1/_{16}$
印张　$8\,^3/_4$
字数　248 千字
版次　2025 年 5 月第 1 版
印次　2025 年 5 月第 1 次印刷
印刷　北京金康利印刷有限公司
经销　全国各地新华书店
书号　ISBN 978-7-5214-5266-2
定价　**35.00 元**

获取新书信息、投稿、
为图书纠错，请扫码
联系我们。

出版说明

"全国高等医药院校药学类规划教材"于20世纪90年代启动建设。教材坚持"紧密结合药学类专业培养目标以及行业对人才的需求，借鉴国内外药学教育、教学经验和成果"的编写思路，30余年来历经五轮修订编写，逐渐完善，形成一套行业特色鲜明、课程门类齐全、学科系统优化、内容衔接合理的高质量精品教材，深受广大师生的欢迎。其中多品种教材入选普通高等教育"十一五""十二五"国家级规划教材，为药学本科教育和药学人才培养作出了积极贡献。

为深入贯彻落实党的二十大精神和全国教育大会精神，进一步提升教材质量，紧跟学科发展，建设更好服务于院校教学的教材，在教育部、国家药品监督管理局的领导下，中国医药科技出版社组织中国药科大学、沈阳药科大学、北京大学药学院、复旦大学药学院、华中科技大学同济医学院、四川大学华西药学院等20余所院校和医疗单位的领导和权威专家共同规划，于2024年对第四轮和第五轮规划教材的品种进行整合修订，启动了"全国高等医药院校药学类专业第六轮规划教材"的修订编写工作。本套教材共72个品种，主要供全国高等院校药学类、中药学类专业教学使用。

本套教材定位清晰、特色鲜明，主要体现在以下方面。

1.融入课程思政，坚持立德树人　深度挖掘提炼专业知识体系中所蕴含的思想价值和精神内涵，把立德树人贯穿、落实到教材建设全过程的各方面、各环节。

2.契合人才需求，体现行业要求　契合新时代对创新型、应用型药学人才的需求，吸收行业发展的最新成果，及时体现新版《中国药典》等国家标准以及新版《国家执业药师职业资格考试考试大纲》等行业最新要求。

3.充实完善内容，打造精品教材　坚持"三基五性三特定"，进一步优化、精炼和充实教材内容，体现学科发展前沿，注重整套教材的系统科学性、学科的衔接性，强调理论与实际需求相结合，进一步提升教材质量。

4.优化编写模式，便于学生学习　设置"学习目标""知识拓展""重点小结""思考题"模块，以增强教材的可读性及学生学习的主动性，提升学习效率。

5.配套增值服务，丰富学习体验　本套教材为书网融合教材，即纸质教材有机融合数字教材，配套教学资源、题库系统、数字化教学服务等，使教学资源更加多样化、立体化，满足信息化教学需求，丰富学生学习体验。

"全国高等医药院校药学类专业第六轮规划教材"的修订出版得到了全国知名药学专家的精心指导，以及各有关院校领导和编者的大力支持，在此一并表示衷心感谢。希望本套教材的出版，能受到广大师生的欢迎，为促进我国药学类专业教育教学改革和人才培养作出积极贡献。希望广大师生在教学中积极使用本套教材，并提出宝贵意见，以便修订完善，共同打造精品教材。

中国医药科技出版社

2025年1月

数字化教材编委会

主　编　孟一的
副主编　冯莹莹　孙晓冬　罗玉晶　茅以诚
编　者　（以姓氏笔画为序）

王淑红（沈阳药科大学）　　　　生　阳（沈阳药科大学）

冯莹莹（沈阳药科大学）　　　　朱庆帝（沈阳药科大学）

孙晓冬（沈阳药科大学）　　　　李　岩（沈阳药科大学）

李　哲（沈阳药科大学）　　　　杨　晶（沈阳药科大学）

吴恩华（沈阳药科大学）　　　　沈　伟（沈阳药科大学）

张玉博（沈阳药科大学）　　　　张达盼（沈阳药科大学）

茅以诚（复旦大学药学院）　　　罗玉晶（沈阳药科大学）

金珉丞（沈阳药科大学）　　　　孟一的（沈阳药科大学）

类红瑞（沈阳药科大学）　　　　姚志昆（沈阳药科大学）

徐冬梅（沈阳药科大学）　　　　盛春辉（沈阳药科大学）

董晓辉（沈阳药科大学）　　　　蔡媛媛（江西中医药大学）

前　言

就业是民生之本。党的二十大报告明确指出"实施就业优先战略，强化就业优先政策"。习近平总书记指出，就业是最大的民生工程、民心工程、根基工程，是社会稳定的重要保障，必须抓紧抓实抓好。在健康中国战略全面推进、医药产业创新升级的时代背景下，药学高等教育肩负着培养高素质医药人才的重要使命。作为医药高等院校的学子，药学类专业学生既承载着守护人类健康的职业理想，也面临着科技变革与产业转型带来的机遇与挑战。因此，高校药学类专业毕业生的就业关系到民生福祉、公众健康、产业发展和国家未来。

基于以上背景，本教材紧扣药学类专业特色，致力于为药学类专业大学生提供系统、科学的职业生涯规划方法与务实、高效的求职择业策略。通过引导学生深入认识自我，分析医药行业的就业市场趋势，助力其提升个人综合竞争力，并制订出切实可行、具有前瞻性的职业发展路径。最终，使学生在未来复杂多变的就业市场中精准定位，找到契合自身特质与职业理想的发展方向，实现个人价值与社会需求的有机结合，为医药行业的高质量发展贡献自身力量。

本教材围绕"职业生涯规划"与"就业指导"两大核心主题，精心设计了八个章节的内容体系。其中，前五章围绕职业规划的核心要素展开，帮助学生构建清晰的职业发展蓝图；第六章至第八章聚焦于就业实践环节，为学生提供实用的求职策略与权益保障指导。教材具体内容如下：第一章为"唤醒生涯意识"，着重激发学生对职业生涯规划的主动意识，引导其深刻认识职业规划的重要意义，为后续学习奠定基础；第二章为"探索专业与职业世界"，深入剖析药学类专业与医药行业的内在联系，帮助学生明晰专业在职业体系中的定位，洞察医药行业发展现状与未来职业世界的发展趋势，从而精准把握职业机遇，从容应对职业竞争；第三章为"了解个人特质"，聚焦于学生个体的自我认知，通过剖析性格、兴趣、职业价值观等维度，结合生涯理论，引导学生明确自身内在特质，培养职业兴趣，树立科学合理的职业价值观；第四章为"发挥能力优势"，致力于挖掘学生的内在潜力，帮助其清晰识别个人优势，并培养终身学习的意识，持续优化与提升自身能力，为职业发展筑牢根基；第五章为"进行职业抉择"，协助学生在充分了解自我与外部环境的基础上，明确适合自身发展的职业路径，并运用科学的决策理念与方法，做出合理、明智的生涯选择；第六章为"掌握就业政策与就业信息"，使学生全面了解当前就业形势与相关政策，掌握就业信息的搜集与利用技巧，为求职过程做好充分准备，增强就业竞争力；第七章为"提升求职技能"，系统教授学生如何准备求职材料，精准掌握笔试与面试技巧，提升求职过程中的综合表现，有效提高求职成功率；第八章为"就业签约与权益保护"，指导学生在就业过程中规范签订就业协议，增强权益保护意识，助力学生顺利开启职业生涯。

本教材由沈阳药科大学孟一的担任主编，负责全教材的统稿、修改、审读及定稿工作。教材各章编写分工具体如下：孟一的、冯莹莹、孙晓冬编写第一章，冯莹莹、罗玉晶、茅以诚编写第二章，董晓辉、吴恩华、生阳编写第三章，张达盼、盛春辉、王淑红编写第四章，金珉丞、姚志昆、蔡媛媛编写第五章，类红瑞、杨晶、张玉博编写第六章，李哲、李岩、徐冬梅编写第七章，张玉博、沈伟、朱庆帝编写第八章。

本教材在编写过程中，参考了部分国内外职业生涯发展领域及医药行业的文献资料与报告，以及一些专家学者的理论与见解。我们尽可能做了说明或者列在了参考文献中。在此，谨向相关文献、报告的作者、机构及专家学者表示由衷的感谢。

受编者水平所限，教材中难免存在疏漏与不足之处，恳请各位专家、老师和同学提出宝贵的意见和建议，以便我们更好地修订和完善。

编　者

2025 年 2 月

目　录

第一章　唤醒生涯意识

PPT

学习目标

1. 通过本章学习，掌握职业生涯规划的设计步骤；熟悉工作对个人发展的意义，职业生涯规划的意义；了解生涯和职业生涯的含义和特征，职业生涯理论，工作的三个层次及工作重塑理论。

2. 具有根据职业生涯规划的方法与步骤，构建符合自身特点的职业生涯规划的能力；具有绘制生涯彩虹图，并能利用生涯彩虹图分析个人的生涯阶段、生涯角色和生涯任务的能力。

3. 树立积极主动的职业生涯发展理念，培养对未来职业发展的责任感。

第一节　认识生涯与职业生涯

一、生涯的含义和特征

（一）生涯的含义

"生涯"一词，起源于古代哲学经典《庄子·养生主》中的名言"吾生也有涯，而知也无涯"，此处"生涯"意指生命的边际。随着时间的推移，该词汇的含义逐步延伸，如今已被广泛用于指代个体的整个生命周期。《现代汉语词典》对"生涯"一词作出了清晰的界定，认为其是指"从事某种活动或职业的生活"。

（二）生涯的特征

生涯具有以下六个方面的特征。

1. 方向性　生涯是个体生活中各种事件的连续演进方向。一个人一生的生涯发展，犹如在茫茫大海中的航道，虽难以直观察觉，但具有明确的方向性。引领这一方向的"北斗星"及其发展路径，因个体差异而异。这种"北斗星"可能源自个体的自我认知，例如明确自身的优势与不足；也可能源于个体所追求的生命意义，例如致力于社会环保事业；还可能是基于兴趣爱好，例如因热爱绘画而投身艺术领域；又或是受到某个榜样的激励，立志成为像其一样的人。

2. 时间性　生涯是个体在生活中经历的连续过程，涵盖了从过去到现在的所有角色扮演以及未来期望达成的角色目标。这一过程并非一蹴而就，而是逐步推进的。类似于攀登阶梯，每一阶均为通往下一阶的必要前提。例如，对于有志于成为药剂师的学生而言，其生涯轨迹可能始于高中阶段选择理科专业，继而考入大学药学院，随后成为药学专业学生并参与实习，在药房积累实践经验，最终成为一名注册药剂师。每一步均为后续发展奠定基础，且过往经历持续影响着个体当前所处位置与未来发展方向。因此，生涯并非静止不变的状态，而是由一系列连续的角色与位置转变构成的动态过程。这些转变既取决于个人选择，也受到外部环境因素的影响，如家庭、朋友、社会需求等。理解这一概念，有助于大学生更好地规划自身学习与职业路径，明确当前努力与未来愿景之间的联系。

3. 空间性　生涯以事业角色为主轴，同时也涵盖了其他与工作相关的角色。从不同年龄发展阶段对"生涯"的横断面进行观察，可以发现多种角色同时呈现。这些角色并非全然是职业角色，但均与职业活动存在直接或间接的联系。例如，在"大学生涯"阶段，主要的生涯角色是学生；而在中年女性的"教师生涯"中，相关的生涯角色可能包括教师、母亲、妻子等。"生涯"专指以事业角色为主轴的生活经验。事业生涯的发展必然伴随着许多与之相关的角色发展，这些角色的发展经验自然也不能脱离生涯经验的整体框架。

4. 独特性   每个人的生涯发展具有独特性。尽管许多人可能会经历相似的发展路径，例如，同一专业的学生通常会修读相同的课程、参与类似的实习，但每个人的个体经历与感受仍然是独一无二的。这种独特性源于个体在各个发展阶段的表现、所学到的知识以及所面临的挑战均存在差异。例如，两名药学专业的学生可能在同一药房实习，但他们所获得的知识和体验可能截然不同。一名学生可能在与顾客沟通方面表现出色，而另一名学生则对药物研究表现出浓厚兴趣。这些不同的经历将塑造他们未来的职业路径，使他们的生涯发展各具特色。因此，尽管周围的同学可能看似走在相似的道路上，但个人的每一步选择、每一次努力都将使自身的生涯故事与众不同。这也正是在规划个人生涯时，寻找适合自己的发展路径而非单纯跟随他人脚步的重要性所在。

5. 现象性   生涯并非自出生起便存在，而是始于个体开始思考与规划自身未来之时。换言之，生涯是个体自觉意识到并主动追求的目标，而不仅仅是生命中客观发生的事件。例如，当一名药学专业的学生开始思考毕业后希望成为何种类型的药剂师，或期望从事哪方面的研究时，其生涯规划便正式开启。在此过程中，个体将回顾过往经历（如在校表现、实习收获），评估当前的技能与兴趣，并设想未来的可能性（如继续深造或进入职场）。生涯如同个体在工作与生活中为自己设定的角色，它不仅反映了个体对自身的认知，还体现了其对未来自我的期望。这一角色的构建不仅基于个体当前所处的位置，还融合了过往经验与未来期望。通过这一思考过程，个体将逐步明确自身的发展方向，并赋予人生以意义。

6. 主动性   生涯与生命并非等同概念。生命是一种客观存在，而生涯的存在则是基于个人主观意识的认定。只有当个体开始主动思考自身未来时，生涯才真正开始伴随个体成长。从另一个角度而言，生涯是个体对自身客观"位置"的一种主观知觉。它定义了个体如何在工作环境框架内认知自我——这种认知可以基于过往的成功或失败、当前的能力或才干，以及未来的进一步规划。因此，人生的意义在生涯发展的过程中得以彰显并最终实现。

二、职业生涯的概念

人的生涯发展并非仅仅是随时间推移而被动接受角色变迁的过程，更是个体积极塑造自我、主动创新生活轨迹的实践。在此过程中，职业担当着极为重要的角色，对个人生涯的形态与路径产生深远影响。可以说，人的生涯脉络是以职业为核心线索逐步延展的，职业选择与进阶构成了生涯演进的核心动力。

职业生涯是指个体在生命历程中所经历的职业角色转换、职位变迁以及职业理想实现的动态发展过程。这一过程涵盖了职业选择、职业适应、职业发展以及职业退出等关键阶段，是人生发展的重要组成部分。职业生涯通常始于个体完成学业并进入劳动力市场，直至法定退休年龄结束，持续时间约占个体生命周期的三分之二。

从发展心理学的视角来看，职业生涯阶段正值个体生理和心理的成熟期，是人生中精力最为充沛、创造力最为旺盛的黄金时期。这一时期不仅是个体实现职业理想、创造社会价值的关键阶段，也是个人获得经济独立、实现自我价值的重要时期。职业生涯的质量直接影响着个体的生活质量、社会地位以及人生价值的实现程度。

美国职业心理学家埃德加·施恩（Edgar H. Schein）教授将职业生涯划分为内职业生涯与外职业生涯。

（一）内职业生涯

内职业生涯是指个体在职业发展过程中所积累的内在职业要素的总和及其动态发展过程。这些要素主要包括专业知识体系、职业价值观念、实践经验积累、核心能力结构、心理资本水平以及职业认同感等内在维度。这些内在要素构成了个体职业发展的核心动力系统。

内职业生涯的发展水平主要通过个体的职业行为表现、工作绩效产出以及职业素养展现等外显指标得以体现。以医疗行业为例，一位具有丰富内职业生涯积累的医生通常表现出以下特征：专业知识体系与时俱进，能够准确把握学科前沿动态；职业价值观明确，始终秉持医者仁心的职业操守；临床经验丰富，能够熟练处理复杂病例；核心能力突出，兼具精湛的医疗技术和良好的沟通能力；心理资本充沛，能够有效应对工作压力；职业热情饱满，展现出持续的专业发展动力。相比之下，内职业生涯发展不足的从业者往往表现出知识更新滞后、职业观念模糊、实践能力欠缺、心理韧性不足以及职业倦怠等特征。

内职业生涯要素一旦被个体所掌握和拥有，便具有不可剥夺性和持久性特征。这种特性源于内职业生涯要素与个体认知结构和能力系统的深度融合，使其成为个体职业资本的有机组成部分。这种职业资本的积累不仅能够增强个体的职业竞争力，也为持续的职业发展奠定坚实基础。

（二）外职业生涯

外职业生涯是指个体在职业发展过程中所经历的外部可观测的职业要素的总和及其动态变化过程。这些要素主要包括工作组织属性（如企业性质、行业类别）、职位特征（如职务层级、职称等级）、工作条件（如工作地点、工作环境）以及薪酬福利（如基本工资、绩效奖金、各类津贴）等显性指标。这些要素共同构成了个体职业发展的外部表征系统。

值得注意的是，外职业生涯要素与个体内在职业资本之间可能存在阶段性失衡现象。这种失衡主要体现在个体的能力积累、努力程度与其所获得的外部职业回报之间出现暂时性不对等。然而，从职业生涯发展的长期视角来看，外职业生涯要素与内职业生涯要素之间存在显著的协同演进关系。随着个体在专业领域的持续深耕，通过系统性的知识积累、技能提升和人脉拓展，其职业竞争力将得到实质性增强。这种内在职业资本的积累最终会通过职位晋升、薪酬增长、荣誉获得等外职业生涯要素的改善得以体现。

对于大学生而言，理解内、外职业生涯的特性具有重要的启示意义。在职业发展初期，我们应当更加注重内在职业资本的积累，而非过分关注短期内的外部回报。通过持续的专业能力提升和综合素质培养，个体终将获得与其职业价值相匹配的外部职业成就，在职业生涯规划中实现短期目标与长期发展的有机统一。

三、职业生涯规划的意义

职业生涯规划是指一个人通过对自身情况和客观环境的分析，确立自己的职业目标，获取职业信息，选择能实现该目标的职业，并且为实现目标而制订的行动计划和行动方案。在乌卡（VUCA）时代背景下，易变性（volatility）、不确定性（uncertainty）、复杂性（complexity）和模糊性（ambiguity）已成为职业发展的新常态。面对快速变迁的就业环境，职业生涯规划的重要性日益凸显。正如《论语·卫灵公》所言"人无远虑，必有近忧"，科学的职业生涯规划不仅能够帮助大学生应对当下的就业挑战，更能为其长远发展奠定基础。具体而言，职业生涯规划对大学生具有以下四方面的重要意义。

（一）明确发展方向

高中阶段的学习目标相对单一，而大学阶段则呈现出多元化特征，包括专业学习、社团活动、实习实践等多重目标。明确的目标设定能够提高行动效能。职业生涯规划通过态势分析法等科学工具，帮助大学生系统评估自身优势、劣势、机会和威胁，从而确立符合个人特质的发展目标，实现有限资源的最优配置。

（二）强化学习动机

部分大学生存在学习动力不足的问题，这往往源于目标缺失或目标模糊。明确且具有挑战性的目标能够产生显著的激励效应。职业生涯规划通过构建清晰的职业愿景，将大学生的学习行为与未来职业发展建立联结，从而激发内在学习动机，提升学习效能。

（三）促进自我成长

大学生在职业发展过程中常面临自我设限等心理误区。职业生涯规划通过建立阶段性目标和反馈机制，帮助大学生克服恐惧、拖延等心理障碍，培养成长型思维模式。这种结构化的发展框架能够引导学生将注意力聚焦于目标实现，从而突破自我限制，实现持续成长。

（四）提升就业质量

大学生的职业生涯规划与就业质量密切相关。通过规划，大学生可以了解市场需求，识别自己的职业兴趣和优势，有针对性地提升专业技能和综合素质，从而实现高质量就业。高校毕业生就业是就业工作的重中之重。为了促进高校毕业生高质量充分就业，增强大学生生涯规划意识，教育部于2023年举办全国大学生职业规划大赛，通过"以赛促学、以赛促教、以赛促就"的模式，引导大学生树立正确的成才观、就业观和择业观，科学合理规划学业与职业发展。大赛构建了"高校—企业—学生"三方联动机制，为大学生提供了实践平台和就业机会，有效促进了人才培养与市场需求的对接。

在新时代背景下，职业生涯规划已成为大学生应对就业挑战、实现职业发展的战略性工具。通过系统的职业生涯规划，大学生能够更好地适应VUCA时代的职业环境，实现个人价值与社会价值的统一。这不仅关系到个体职业发展，更是实现"十四五"规划提出的更高质量、更充分就业的重要保障。

四、职业生涯规划的步骤

在开展职业生涯规划之前，大学生应充分了解生涯规划的重要性和作用，并愿意投入相应的时间和精力进行规划。然而，需要明确的是，生涯规划是一个持续的过程，体现了一种面对生涯发展的积极态度，其效果并非能够立竿见影，迅速带来理想的工作机会。这类似于播种，种子未必会立即发芽。因此，大学生应对生涯规划持有合理的预期，认识到其长期性和渐进性。

按照社会认知信息加工理论，一个系统的职业生涯规划通常包括以下五个步骤（图1-1）。

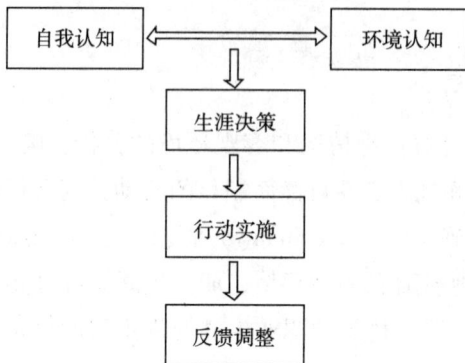

图1-1 职业生涯规划步骤图

（一）自我认知

自我认知是职业生涯规划的基石，其科学性和准确性直接影响职业决策的质量。大学生在进行职业规划时，需要系统评估四个核心维度：职业兴趣、职业能力、职业价值观和人格特质，这一评估框架为全面认识自我提供了科学依据。

具体而言，完整的自我认知体系包含以下要素：通过职业兴趣测评了解个体的职业偏好（喜欢做什么）；通过能力评估明确个体的专业技能和优势领域（能够做什么）；通过价值观澄清确定个体的职业价值取向（最看重什么）；通过人格特质分析把握个体的性格特征（适合做什么）。这些要素共同构成了职业选择的决策基础。

科学的自我认知要求个体在职业探索中保持理性态度，既要避免脱离实际的主观臆想，也要防止低估自身潜力的认知偏差。大学生可以善用标准化的人才素质测评工具，如霍兰德职业兴趣量表、"大五人格"测试量表等，在专业指导下开展系统的自我探索，为科学的职业生涯规划奠定基础。

（二）环境认知

环境认知是职业生涯规划中不可或缺的外部要素。个体需要系统考察政治、经济、社会和技术等宏观环境因素，以及行业发展趋势和就业市场动态。这种全方位的环境扫描能够帮助大学生在复杂的职业环境中把握机遇、规避风险，使职业生涯规划更具现实性和前瞻性。

具体而言，环境认知主要包含三个维度：首先是专业—职业映射关系的分析，明确所学专业对应的职业领域和发展路径；其次是行业发展趋势的研判，包括行业生命周期、技术革新方向和市场需求变化等；最后是职业胜任力要求的把握，了解目标职业的核心能力标准和素质要求。

以医药行业为例，随着生物技术的快速发展和精准医疗的深入推进，药物研发领域正经历革命性变革。药学类专业大学生需要密切关注这些趋势，及时调整知识结构和能力培养方向。例如，加强生物信息学、基因工程、人工智能等跨学科知识的学习，提升数据分析和新药研发能力，以适应行业发展的新要求。这种基于环境认知的职业准备，能够显著提升个人的职业适应力和竞争力。

（三）生涯决策

生涯决策的本质是在充分自我认知和环境认知的基础上，通过系统评估和理性分析，选择最优的职业发展目标和路径。个体与职业的适配程度直接影响职业满意度和成就水平。因此，科学的生涯决策需要综合考虑四个匹配维度。第一，兴趣—职业匹配：评估个体兴趣类型与职业特征的契合度。第二，性格—职业匹配：分析个体性格特征与职业要求的相容性。第三，能力—职业匹配：评估个体能力优势与职业核心要求的匹配程度。第四，价值观—职业匹配：考察个体核心价值观与职业回报系统的契合度。

（四）行动实施

行动实施是职业生涯规划的核心环节，是将职业目标转化为现实成果的关键过程。明确的行动计划和执行策略能够显著提高目标达成的可能性。行动实施阶段需要重点关注以下要素。第一，目标分解：将长期职业目标分解为可操作的短期目标，建立阶段性里程碑。第二，行动计划：制订具体的实施策略和时间表，明确每个阶段的任务重点。第三，资源整合：有效利用各种发展资源，包括课程学习、实习实践、导师指导等。第四，过程监控：建立定期评估机制，及时调整行动策略。

行动实施需要遵循 SMART 原则，即目标应具体（specific）、可衡量（measurable）、可实现（achievable）、相关性（relevant）和时限性（time - bound）。以药学专业大学生为例，若职业目标是成为药物研发科学家，则需要制订包括专业课程学习、实验室技能训练、科研项目参与、学术论文发表等在内的系统行动计划，并通过定期评估确保各阶段目标的达成。

"规划如果不能转化为行动，就只是美好的愿望"，因此，大学生应当将职业生涯规划视为动态的行动指南，通过持续的实践和反思，实现规划与行动的有机统一，最终达成职业发展目标。

（五）反馈调整

职业生涯规划是一个动态的、持续优化的过程，需要建立完善的反馈与调整机制。在行动过程中，个体应根据自身情况和外部环境的变化，及时调整策略，以保持规划的灵活性和时效性。通过行动，个体可以测试和验证生涯决策的有效性，从而不断优化职业路径，调整能力培养重点，具体修订行动计划。

职业生涯规划是一个螺旋式上升的持续发展过程。通过"自我认知—环境认知—生涯决策—行动实施—反馈调整"五个步骤的循环往复，个体得以在不断变化的职业环境中实现持续成长与优化。这一过程体现了职业生涯规划的动态性和发展性特征：每一次循环都是在前一阶段基础上的深化和提升，既包含对过往经验的总结反思，也包含对新目标的探索追求。

🔖 知识拓展

职业生涯规划的影响因素

职业生涯规划受自身、环境和职业三大因素影响，并且这些因素相互作用与制约。

自身因素指个体自身的特点和条件，如兴趣、能力、优势、价值观、教育背景、经验等。这些因素直接影响着个人的职业生涯规划和选择，决定了个体在职场中的竞争力和发展潜力。

环境因素指社会、政治、文化等方面的因素，如就业形势、经济形势、行业环境、人口结构、政策法规等。这些因素外部性强，往往会对职业生涯规划和发展路径产生深远影响。

职业因素指某个职业本身的特点和要求，如专业要求、职责、薪资待遇、工作时长、职业发展路径、晋升空间等。这些因素往往与个人的专业背景和技能相关，对个人的职业选择和发展方向起到重要作用。

第二节　了解职业生涯理论

一、舒伯的生涯发展理论

唐纳德·E. 舒伯（Donald E. Super）是著名的职业生涯规划师和职业管理学家。舒伯在经过长期的研究后，提出了生涯发展理论，该理论的核心是"生涯发展形态研究"，即将个人的生涯发展阶段划分为成长、探索、建立、维持与退出五个阶段。

（一）生涯发展的五个阶段

1. 成长阶段　成长阶段是指个体从出生到14岁这一阶段。在这一阶段，个体开始建立自我的概念，对自己的兴趣、能力有所认知，对职业有初步认识。成长阶段包括以下三个时期。

（1）幻想期（10岁之前）　这个时期主要考虑"自我需要"，个体需要扮演不同的社会角色，并在扮演过程中找到符合自身的角色。

（2）兴趣期（11~12岁）　这个时期主要考虑"自我喜好"，重视个人兴趣、目的的达成，并根据兴趣开展不同的活动。

（3）能力期（13~14岁）　这个时期以"能力发展"为必要考虑因素，以能力提升为主。

2. 探索阶段　探索阶段是指个体在15~24岁期间所经历的青少年时期。在这个阶段，个体通过参与学校活动或社会活动，在促进自身能力发展的基础上，逐步找到适应自身社会角色变化的区间。处于探索阶段的个体也会对职业进行一定的探索，对于职业的选择具有较大的弹性。

探索阶段的主要特点：职业偏好逐步呈现出具体的形式，职业习惯也将逐渐固定。探索阶段具体包括以下三个时期。

（1）试探期（15～17岁）　在这个时期，青少年开始逐步审视自身的内在因素，包括需求、兴趣和能力等，并通过初步的思考与实践，对其职业发展进行论证与尝试，为后续的职业发展奠定基础。

（2）过渡期（18～21岁）　在这个时期，青少年开始初步选定自己感兴趣的职业岗位，并从多个角度综合考量现实需求与自身条件。在此过程中，他们逐步将自我认知转化为实际行动，将一般性的职业选择转变为具有个人独特性的职业选择。

（3）试验并稍作承诺期（22～24岁）　在这个时期，青少年的职业生涯将初步形成，并逐步验证其是否具备成为长期职业生涯的潜力。虽然初步规划的职业生涯不能立即确定其是否能够成为长期的职业选择，但在这一时期，其职业发展方向将逐渐明晰。

3. 建立阶段　建立阶段是指个体在25～44岁这一时期。经过初期的尝试与探索，适应某一职业领域的人群会谋求新的变化，并对其他社会领域进行进一步探索。在建立阶段，个体能够确定某一社会行业中是否存在适合自己的职业岗位，并考虑如何巩固现有职业岗位或在职业发展上寻求晋升。

建立阶段是一个稳定且逐步提升的职业阶段，具体包括以下两个时期。

（1）尝试期　个体寻求工作岗位的稳定，但可能会因职位变动或工作内容的变化而出现职业岗位满意度的下降。

（2）稳定期　个体致力于职业岗位的稳定和事业的稳步提升。这一阶段通常是个人最具想象力和创造力的时期，但外部社会因素的影响可能引发职位上的变动。

4. 维持阶段　维持阶段是指个体在45～64岁这一时期。在此阶段，个体倾向于保持既有的工作模式和传统的工作方式，并在职业发展中面临来自新员工的挑战。这一阶段的主要任务是维持固定的工作模式，以及保持现有的地位和待遇。

5. 退出阶段　退出阶段是指个体在65岁及以上的时期。在退出阶段，职业者的工作能力及身体素质逐渐下降，导致其不得不从现有的职业岗位中逐步退出。这一阶段的主要任务是帮助个体适应新的社会角色，并通过其他替代性方式满足其个人需求。

舒伯的生涯发展阶段的循环发展内容如表1-1所示。

表1-1　舒伯的生涯发展阶段的循环发展内容

阶段	内容			
成长阶段 （出生～14岁）	确定主观意识中的自我概念	与社会其他个体建立良好的人际协作关系	勇于面对自身的问题	找到新的社会角色
探索阶段 （15～24岁）	从多种职业岗位中寻求发展机会	找到适合自身的职业岗位	对于一些有待处理的问题需重新界定	了解工作的意义
建立阶段 （25～44岁）	在特定的职业领域中寻求自身角色	确定某一职业岗位，寻求职业岗位的晋升和新的职业成就	逐步形成适合其他社会领域工作、岗位的技能	逐步寻求社会其他领域的职业成就
维持阶段 （45～64岁）	对自己的职业选择有效验证	寻求现阶段职业岗位的稳定	逐步提升自我能力水平	维持既定的生活兴趣
退出阶段 （65岁及以上）	休闲时光成为生活主基调	从事体力劳动的时间逐步减少	学会聚焦精力于少数重要工作活动	逐步减少工作时间

在不同的职业生涯发展阶段，每个阶段均需完成既定的工作任务，或达成相应的发展目标，因为前一阶段的发展成果直接影响到后一阶段任务的完成。以药学生为例，进入大学后，首先需要尽快适应大

学环境，并经历成长与探索阶段。在成功适应大学生活并形成一定的适应模式之后，药学生将进入新的发展阶段，即为毕业及求职作准备。在此过程中，原有的适应模式将逐渐被新的挑战所取代，而药学生将再次经历成长、探索、建立、维持与退出等阶段，形成一个闭环循环。这一循环不仅体现了职业生涯发展的连续性，也强调了各个阶段之间的相互依赖和累积效应。

（二）生涯彩虹图

20 世纪 80 年代初，舒伯首次提出了"生涯彩虹图"这一概念，旨在明确职业生涯发展阶段与不同社会角色之间的相互作用关系。生涯彩虹图（图 1－2）是一种综合性的图形工具，能够清晰地展示个体在多重社会角色下的生涯发展轨迹，并通过直观的图形呈现职业生涯发展的时空关系。

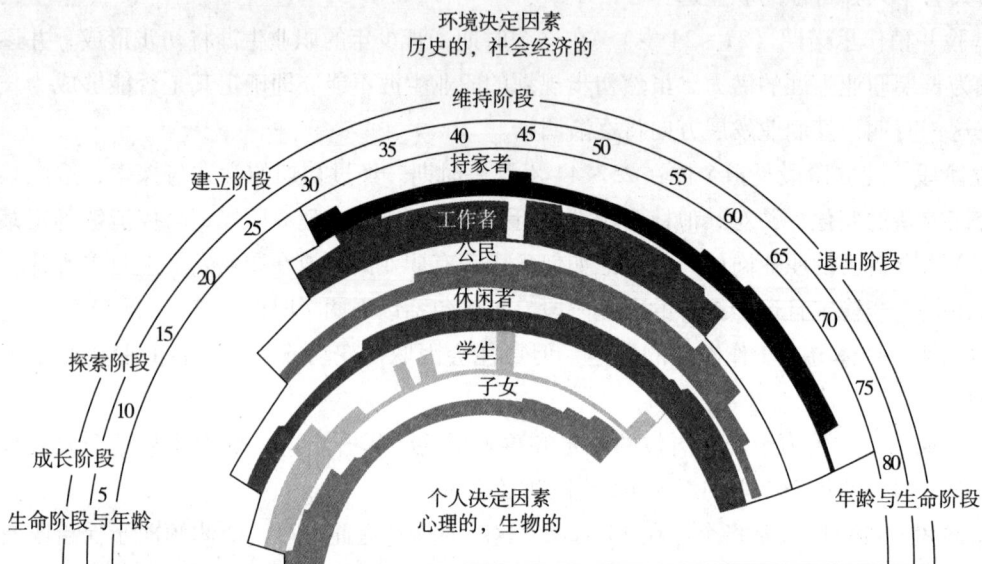

图 1－2　生涯彩虹图

生涯彩虹图的最外层代表了"生活广度"，亦称为"大周期"。大周期涵盖了成长阶段、探索阶段、建立阶段、维持阶段和退出阶段。生涯彩虹图中的每个阶段均与不同的社会角色和职业准备相关联，共同构成了"生活空间"。这些社会角色主要包括子女、学生、休闲者、公民、工作者和持家者等。

这些角色之间存在着复杂的交互作用关系，包括角色协同效应、角色冲突效应、角色补偿效应和角色连锁效应。其中，角色协同效应是指某一角色的积极发展能够为其他角色的发展提供支持和资源。例如，良好的学生角色表现能够为工作者角色的发展奠定基础。角色冲突效应是指不同角色之间可能产生时间、精力等方面的竞争，需要个体进行有效协调。角色补偿效应是指某一角色的成功可以弥补其他角色的不足，维持整体的角色平衡。角色连锁效应是指某一角色的失败可能引发其他角色的消极连锁反应，影响整体生涯发展。

从生涯彩虹图显示的阴影比例可以看出，在不同阶段的社会角色中，各个角色的显著性存在差异。其中，成长阶段最显著的社会角色是子女，个体主要投入于家庭和学校中，接受教育和家庭养育；探索阶段最显著的社会角色是学生，个体致力于学习和自我探索，积极参与学校和社会活动；建立阶段最显著的社会角色是持家者和工作者，个体需要兼顾家庭和职业，承担起经济责任和家庭责任；维持阶段，个体可能会逐渐减少或中断工作者的角色，而公民和休闲者的角色逐步增多；退出阶段最显著的角色是休闲者，个体会享受到更多的自由时间，有机会追求自己长久以来无法实现的兴趣爱好、旅行、社交等活动，可以将更多的精力投入到自己感兴趣的事情上，享受生活的乐趣。

理解这些角色及互动关系，对于大学生平衡学习、生活和工作，实现全面发展具有重要指导意义。

通过科学规划和管理不同社会角色，个体可以更好地应对生涯发展中的挑战，实现各角色间的良性互动和协调发展。

二、生涯混沌理论

舒伯的生涯发展阶段理论主要基于线性视角，更多地描述了生涯的静态属性，强调了生涯的确定性和封闭性。然而，随着时代的发展，个体的生涯发展呈现出越来越多的不确定性和非线性特征，生涯中的偶然因素开始发挥越来越重要的作用。进入 21 世纪，生涯混沌理论（career chaos theory）被提出，为理解职业生涯提供了一个全新的视角。目前，该理论仍处于不断发展和完善的过程中。

（一）生涯混沌理论中对"生涯"的认识

生涯混沌理论指出，生涯是一个复杂的自适应系统，具备动态性、开放性和适应性，反映出个体乃至整个人类生活的分形特征，即个体生涯发展中的微小变化可能引发系统性的重大影响。根据该理论，个体生涯与现实世界之间存在着多维度的复杂互动关系。这种关系可以理解为由多个"基本元素"和"子系统"构成的动态网络。这些元素和系统在不同层面上呈现出多样化的表现形式，并允许进行多层次的解释。以职业转换行为为例，从微观层面看，频繁的职业变动可能反映了个体的职业探索过程；从中观层面看，这可能表明个体在寻找并确定职业价值观；从宏观层面看，这可能是个体适应快速变化的劳动力市场的策略性选择。

每个个体的生涯轨迹都是独特的，受到内在动机和外部环境的交互作用与推动。为了维持其活力，生涯系统必须与内外部环境进行持续的互动与交流。从本质上讲，生涯是一个涉及内外世界交换的过程，确保了个体及其生涯发展所包含的各个子系统之间、系统与系统之间，以及与更广泛系统之间的互动与相互依赖。个体的生涯展现出强大的适应性，通过学习来适应环境的变化和自身的发展，具备自我调整与创新的能力。

（二）生涯混沌理论的基本观点

1. 内生与自驱动 职业成长的历程具有积极调整的属性，每个个体在一定程度上均能够依据个人规划来塑造自身的职业轨迹。个体能够持续地更新其职业生活，无论是在当前所处环境中，还是跨越不同领域，都能灵活地在多样的社会角色之间进行转换。无论个体是否接受过职业指导或参与过相关的职业发展教育，个体始终掌握着构建个人职业生涯的自主权。

2. 非线性动态过程 个体的职业道路是在特定环境与内在驱动力的共同作用下，通过一系列连续决策逐步形成的。因此，变化性是人类职业心理发展的根本属性。然而，职业发展过程并非传统职业心理学所描述的简单直线型、确定性且可预测的过程，而是一种复杂、不确定且难以预测的模式。能够自我调整的个体始终与周围环境进行互动和交流，建立开放的系统和网络化的联系。个体参与的深度越大，其适应性和可塑性就越强。

3. 初值敏感 生涯混沌理论指出，一个极小的初始差异，在时间推移和系统多次循环作用下，可能会引发结果的巨大变动。在这一变化过程中，因果关系会随着时间的推移和系统的演变而变得模糊不清，这使得对未来行为的预测变得极为困难。显而易见，复杂的职业心理系统也展现出对初始状态的高度敏感性。在个人的职业发展过程中，往往是一些看似不经意的偶然事件，最终引发了职业生涯及其心理状态的重大转变。

4. 不存在终极稳态 个体在职业生涯发展中不断寻求阶段性稳态，然而这种稳态是暂时的，变化随时可能发生。这意味着在职业生涯中并不存在一个永久不变的终极状态，而是始终处于动态变化之中。职业生涯的每个阶段均为暂时性，个体需要持续适应新环境、新角色以及新挑战。因此，对于药学类专业的大学生而言，培养适应变化的能力、保持灵活性以及秉持终身学习的态度至关重要，以应对职业生涯中不断出现的新情况和新需求。

5. 吸引子的作用无处不在　在生涯混沌理论中，吸引子是一个核心概念，用于描述系统在长期演变过程中趋于稳定或收敛的状态或模式。吸引子可以被视为系统动态行为的"终点"或"归宿"，它反映了系统在时间和环境变化下的长期趋势。根据其特性，吸引子主要分为三种类型：点吸引子、极限环吸引子和奇异吸引子。

（1）点吸引子　点吸引子是指在相空间中存在一个特定的点，当系统的状态接近该点时，会逐渐收敛并最终稳定在该点附近。在大学生的职业发展情境中，点吸引子可以被比喻为一个明确且具有吸引力的职业目标或理想职业状态。一旦个体设定了这样的目标，其行为和决策都将受到这一目标的显著影响，并持续朝着该方向努力。例如，一位立志成为临床药师的学生，可能会专注于药理学、药物治疗学等核心课程的学习，并积极参加临床实习，以提升自身的临床药学实践能力。

（2）极限环吸引子　极限环吸引子是一种周期性的吸引子，指的是在相空间中的一条闭合曲线，所有初始条件下的轨迹最终都会沿着这条曲线进行循环运动。对于大学生而言，极限环吸引子可以体现在其日常学习和生活中的周期性活动中。例如，每学期的学习计划、考试准备周期以及假期实习安排等，这些活动共同构成了一个稳定的周期性过程。这种周期性不仅有助于维持学习和工作的节奏感，还为个体提供了可预见性和安全感。

（3）奇异吸引子　奇异吸引子是混沌系统中特有的一种吸引子类型，其几何结构通常呈现为分形特征，即在任意微小的尺度上均展现出复杂且不规则的形态。与点吸引子和极限环吸引子不同，奇异吸引子代表了一种更为复杂和动态的系统特性。系统内部的轨道虽然看似随机，但实际上遵循着某种内在的规律。

对于大学生而言，教师的知识传授和个人价值观的影响可以被视为外部因素，这些因素可能在不经意间显著改变学生的职业发展轨迹。例如，一次偶然参加的科研项目或遇到一位启发式的导师，都可能极大地激发学生对某一领域的兴趣，进而促使其调整职业规划。这种影响并非线性或周期性的，而是通过一系列复杂的互动逐渐形成的，并对职业发展方向产生深远的影响。

吸引子能够反映个人的价值观、自我认知和使命感。对于那些希望将自身兴趣或关注点转化为职业发展方向的大学生而言，吸引子在其做出关键选择的过程中发挥着重要作用。

6. 提升生涯"元胜任力"，以不变应万变　有学者认为，元胜任力是个体所具备的用于获取和提升其他胜任力的基础能力。与职业发展密切相关的关键元胜任力包括识别能力和适应能力。其中识别能力，涵盖自我概念、自我评估、自我反馈和自我知觉等方面，帮助个体清晰地认知自身的优势与不足。适应能力包括灵活性、探索性、开放性和自我调整能力，使个体能够灵活应对职业发展中的各种变化与挑战。生涯"元胜任力"体现了一种具有广泛适用性且超越特定情境的适应能力，是在应对持续变化且不可预测的发展环境中不可或缺的品质。

三、萨维科斯的生涯建构理论

美国学者马克·L. 萨维科斯（Mark L. Savickas）于 2002 年正式提出生涯建构理论。该理论认为，个体通过一系列有意义的职业行为与工作经历来构建自身的职业生涯发展过程。个体在做出职业选择时，应综合考虑自身的过往经验、当前感受以及未来的理想抱负。职业生涯发展是一个围绕这一人生主题所展开的、内涵丰富的主观建构过程。

生涯建构理论详细阐释了个体通过自我建构与社会建构形成职业生涯的机制。生涯并非单纯的自我展现，而是通过积极的建构行动逐步形成的。建构是一种有目的的行动过程，不同的生涯阶段对应着不同的生涯任务。这些任务促使个体主动去完成，从而逐步建构出个人的职业生涯。个体作为生涯的所有者和创作者，其生涯发展本质上是一种自我生命设计的过程。

萨维科斯基于生涯建构理论提出了 16 个关于人生发展的探索性命题，对个体—环境匹配理论和职业人生主题理论进行了融合与发展。在此基础上，他将 16 个人生主题进一步凝练概括为生涯建构理论的三个核心内容：第一，不同个体间的特质存在差异；第二，个体在不同生涯阶段所面临的任务和应对的策略具有承前启后的发展性；第三，生涯发展是一个充满内动力的变化过程。由此，生涯建构理论通过职业人格类型、生涯适应力和人生主题三个维度，分别回答了个体职业行为中"是什么""怎么样"以及"为什么"三个核心问题。

（一）借助职业人格形成对职业的自我概念

生涯建构是一个主观的、内在的过程，它以个体独特的方式逐步推进。个体的职业人格特质，包括自我能力、内在需求、价值观和发展期望等，都是形成和描述职业自我概念所必须考虑的因素，这些因素也深刻影响着个体生涯建构的过程与结果。例如，药学类专业的大学生可能会发现自己对药物研发特别感兴趣，这种兴趣与能力的认知将帮助他们构建职业人格，从而在未来的职业选择中倾向于与药物研发相关的职业道路。

（二）用适应来实现发展

生涯适应力聚焦于个体生涯发展中的应变过程，即个体如何在不同生活阶段与环境之间实现平稳过渡和相互适应。这包括从学校到职场、从一份工作到另一份工作、从一个职业领域到另一个职业领域的转变等。生涯适应力强调个体在面对职业环境变化时的灵活性和应对能力，从而确保个体能够在不断变化的职业生涯中保持稳定的发展轨迹。

（三）把职业生涯发展动态视为人生主题

生涯建构理论的一个重要贡献在于将个体职业生涯的动态发展凝练为人生发展的主题。从人生主题的视角来看，个体通过具体的职业实践，整合并关联自身所处的主观世界与客观世界。在具体工作中，个体发挥个人能力，实现自我价值与人生发展。

人生主题是生涯建构中的一个重要组成部分，体现在个体生活中反复出现的行为模式和风格中，这些模式和风格对个体的生活经历进行组织和阐释。人生主题理论通过个体的职业实践赋予其职业行为以意义，强调职业行为的过程，关注产生职业行为的原因，重点关注个体具有何种行为以及如何做出这种行为。在当今时代，每个个体的生命意义均属于其自身。个体在主观上引导、调节和维持职业行为，即个体赋予生涯发展以意义，而非简单地发现生涯发展的客观事实。个体能否为人生主题构建一个完整且健康的自我概念，是衡量其职业生涯成功的关键。例如，一位药学生通过参与实验室研究、临床实习以及新药开发项目等具体职业实践，逐步掌握并发挥自己在药物研发方面的专业能力，更重要的是，他将这些知识和技能视为解决人类健康挑战的使命；并将这一使命内化为自己的人生主题。通过这种方式，他在职业道路上实现了个人价值与社会贡献的双重升华。

第三节 工作的意义

一、工作的三个层次

有学者对 196 名教职员工展开了一项研究调查。研究对象的年龄、职能和收入水平均无特定限制，分布较为广泛。该研究旨在探究这些员工如何看待自己的工作，调查选项分为"视工作为谋生手段""视工作为事业"以及"视工作为有意义的工作"三类。研究结果显示，研究对象大致采用三种截然不同的方式来描述他们的工作内容和工作目的，且每种方式的人数基本相当，各占约三分之一。据此，通过这一调查可以将工作分为三个层次：谋生、事业和使命。大学生通过了解工作的三个层次，能够促进其形成更加全面且成熟的职业价值观。这将使其在未来工作中，不仅关注个人成就与物质回报，还能兼顾社会价值与个人成长的平衡，进而为社会的发展作出积极贡献。

（一）谋生

对于将工作视为谋生手段的工作者而言，工作仅仅是完成任务以换取报酬的手段。他们对所从事的职业并无特别的喜爱，也缺乏主动从事该工作的意愿。如果能够在不工作的情况下获得相同的福利和待遇，他们通常会选择不再工作——因为工作对他们而言只是一种压抑和痛苦的来源，他们所期待的除了薪水，便是节假日。然而，需要指出的是，这种工作态度的层次并非一种客观状态，而是主观感受的体现。也就是说，并非所有将工作视为谋生手段的个体都持有这种态度，也有许多人虽因生计从事某一职业，但依然能够全身心投入并热爱自己的工作。

由于工作仅仅是出于谋生的目的，这类个体在选择工作时往往具有较大的灵活性。这也是导致他们频繁更换工作。由于缺乏在某一行业的连续积累，这类个体通常处于公司底层，多数情况下只能依靠工作年限来积累资历。

（二）事业

将工作视为事业的个体，不仅注重财富的积累，还会关注事业的发展和成就，并重视外界的评价、声望或权力。对他们而言，职业不再仅仅是谋生的手段或可有可无的负担，而是生活的重要组成部分，是个人能力的体现以及成功的载体。这类个体即使在外界没有任何要求的情况下，也会主动投入大量时间到工作中。他们渴望通过工作建立自己在社会上的地位，并将职业成就视为个人人生的重要成就。

由于其成就主要来源于外界的认可，因此，若未能获得所渴望的权力、成就或声望，这将对其职业生涯造成打击。将职业视为事业的个体通常会努力追求加薪和升职，而加薪和升职又会进一步激发他们的工作积极性。这类人通常会尽量避免更换行业，并且在公司中多处于中高层管理者的职位。

（三）使命

使命取向的个体并不以薪酬作为衡量工作的主要标准。对他们而言，工作对世界或社会所作出的贡献才是更为重要的考量因素。那些将工作视为使命的人，往往难以将工作与生活明确区分开来。他们工作的目的并非为了获得外界的金钱、权力或地位，而是为了获得内心的满足感与意义感。在工作的过程中，他们能够感受到发自内心深处的热情和强大的动力。将工作视为使命的人常常认为，他们的工作使世界变得更加美好。

工作的薪水和升迁并不会影响他们的工作热情，相反，他们往往能够因此获得更快的晋升和更高的薪酬。优秀的人会认为，薪水和晋升仅仅是工作的副产品。这类人通常在公司中处于高层职位。

二、工作重塑理论

工作重塑理论指出，个体通过认知和行为上的调整，改变对自己工作内容及人际关系边界的理解，从而实现对工作的重塑。在职业环境快速变化的当下，大学生需要具备灵活调整自身工作方式的能力。通过学习工作重塑理论，他们能够在未来的工作中更有效地应对挑战，找到适合自己的工作模式，进而增强职业适应能力。工作重塑理论主要包括以下几个方面。

（一）任务重塑

任务重塑是指个体在工作中自主调整工作任务的数量、范围以及工作表现形式。任务重塑可以分为增加任务、强调任务和重设任务三类。

1. 增加任务　增加任务是指在正式工作设计之外，主动增加额外的工作任务。通过这些额外任务，工作者能够发现新的工作意义和价值。例如，药学生在医院药房实习期间，除了完成基本的药品分发工作外，还主动参与药物信息服务和患者用药咨询。通过这些额外的工作任务，他们在实践中提升了专业知识和沟通技巧，同时也为患者提供了更全面的药学服务。

2. 强调任务　强调任务是指在自己喜欢且有意义的工作内容中投入更多的精力、时间和注意力。例如，在药房工作中，药学生可能会特别关注药物的合理使用和患者教育，投入更多的时间和精力与患者交流，解释药物的作用机制、副作用及正确使用方法。这种行为不仅增强了患者的用药依从性，也提升了学生的咨询服务能力。

3. 重设任务　重设任务是指重新设计现有的工作任务。例如，药学生在参与药品管理过程中，可能会发现现有药品分发流程存在效率问题，于是运用所学的药学知识和管理技能，重新设计工作流程，如利用电子化的药品管理系统，以减少人为错误并提高工作效率。

工作是由一系列任务以及人际关系构成的，其中任务是最基本的工作单元。工作者通过完成上级指派的一系列任务来履行工作职责。在工作过程中，若遇到阻碍或需要做出改变，工作者可以通过调整任务的数量、类型或范围来实现任务重塑，从而简化工作流程，使工作更具意义。

（二）关系重塑

关系重塑是指通过改变交际圈的范围或提升交往的质量，来增强个体与社会的联系。关系重塑可以分为构建关系、重建关系和适应关系三种类型。

1. 构建关系　构建关系是指工作者在工作中主动建立与他人的联系，以获得自我价值的实现和他人的尊重。通过积极拓展人脉，工作者能够拓宽职业发展的空间，同时提升自身的社会支持网络。

2. 重建关系　重建关系是指改变以往与他人互动的方式，以实现更有意义的交流和合作。例如，校长不再单纯地监督或评估教师的工作，而是通过深入了解教师的工作绩效，拉近与教师的距离，促进更有效的沟通与合作。

3. 适应关系　适应关系是指工作者通过在工作中向他人提供有价值的帮助和支持，建立相互信任与尊重，从而获得他人的积极反馈。这种关系的建立有助于提升工作者的归属感和工作满意度。

通过关系重塑，工作者可以促进彼此的交流，获得更多工作上的支持，这对于更好地完成工作任务、建立或改变工作身份具有重要的意义。

（三）认知重塑

认知重塑是指通过改变对工作任务、人际关系或整个工作本身的理解与看法，并在工作中感知到与以往不同的意义，从而赋予工作新的价值。认知重塑可以分为以下三种类型。

1. 拓展认知　拓展认知是指深化对工作目的和意义的理解。例如，药学生将实习工作视为学习治疗疾病和关怀患者的重要机会，而不仅仅是完成药物知识的学习。

2. 聚焦认知　聚焦认知是指将工作中自己喜欢的部分视为能够获得更多工作意义的途径，同时相对忽视或忍受自己不喜欢的部分。例如，部分药学生可能对药物研发特别感兴趣，他们可以将这一兴趣点作为职业发展的核心。即使在面对复杂的实验设计或不理想的实验结果时，这种聚焦认知也能帮助他们保持积极态度，专注于自己真正热爱的领域。

3. 联系认知　联系认知是指将对个人有意义的内容或兴趣注入工作中，以获得更多工作激情和身份认同。例如，药学生将药师的角色视为一个教育者和倡导者，一个通过向患者提供药物知识和健康咨询来预防疾病的角色，而不仅仅是执行药品分发的职责。

通过认知重塑的方式改变对工作的看法，能够帮助工作者在工作中找到更深层次的意义，增强工作的内在动力、职业认同感和工作满意度。

三、工作对个人发展的意义

美国心理学家亚伯拉罕·H. 马斯洛（Abraham H. Maslow）提出的需求层次理论指出"人是永远不能满足的动物"。人的需求从低层次向高层次逐步推进，形成一个有序的金字塔结构（图1-3）。这一结构从低到高依次为：生理需求（饮食与性）、安全需求（生命安全与生活保障）、友爱和归属的需求（获得接纳、关怀与爱）、尊重需求（获得认可与赞扬）以及自我实现需求（实现个人潜能与创造力）。在这一过程中，职业发挥着至关重要的作用。

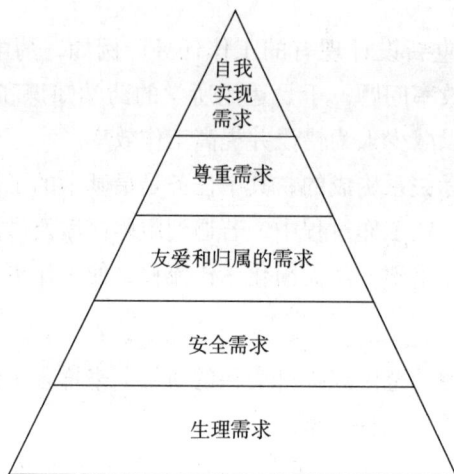

图 1-3　马斯洛需求层次理论金字塔

（一）职业满足生存需求

职业能够满足人们的生存需求。蔡元培先生曾指出："凡人不可以无职业，何则？无职业者，不足以自存也。"对于个体而言，生存是首要需求，只有保障了基本生存，才有可能追求更高层次的成功。工作能够为个体提供报酬，从而换取生活所必需的各类物品，如食物、衣物、住房、交通工具等，满足基本生活需求。随着人类社会的发展，温饱问题在很大程度上已得到解决，只要愿意付出劳动，基本生存需求通常能够得到保障。对于大多数人来说，职业不仅是经济独立的基石，也是构建其他生活角色的重要平台。稳定的工作为建立家庭、养育子女提供了物质基础，同时也为个人享受娱乐和休闲活动提供了条件，并有助于履行公民责任与社会使命。

（二）职业满足建立人际关系、赢得尊重的需求

职业能够满足人们建立人际关系、赢得尊重的需求。工作能够拓展个人的生活圈子，构建更为广泛的社交网络。工作环境是人们在家庭之外最重要的社交场所之一，也是发展友谊和情感的重要情境。所谓"志同道合"，指的是人们因选择相同的职业而在共同的追求中建立起稳定且坚固的友谊。那些与自己共同经历挑战、挫折、成功与失败，患难与共的同事，无疑是人生中极为宝贵的财富。

在工作中取得被社会认可的成就，能够赢得社会的尊重。成就源于完成工作所需的学习与成长。在职业发展中，应注重培养专业能力和职业素养，无论在何种岗位上，都能通过卓越表现实现职业价值，并在平凡的岗位上创造不平凡的职业成就。

（三）职业满足对幸福感的需要

职业能够满足人们对幸福感的需要。在从事自己喜欢的工作时，人们常常会忘却时间的流逝和周围的一切，全身心地投入到工作对象中，甚至达到一种忘我的境界。这种深度的投入和专注所带来的满足

感和幸福感,并非简单的娱乐或放松所能比拟,而是一种能够产生心流感的高峰体验。

总之,职业在满足马斯洛需求层次理论中的各个层次需求方面发挥着不可或缺的作用。通过工作,我们不仅能够满足基本的生活需求,还能够建立广泛的人际关系、赢得社会尊重,并体验到深刻的幸福感。这些方面共同体现了职业对个人发展的重要意义。

行动体验

参考范例

绘制你的生涯彩虹图

活动目标

认识生涯发展的规律,了解不同生涯发展阶段及其主要特征,激发生涯角色与规划意识,探索人生理想与目标。

活动说明

绘制自己的生涯彩虹图(图1-4):思考自己的过去、现在以及未来可能承担的生活角色,在生涯彩虹图上标注年龄阶段和你扮演的角色名称,然后在你某个年龄所扮演或希望扮演的角色区域,利用彩笔和文字区分出你对这些角色的理解。

注意要点

1. 角色扮演的成功与否取决于个人的生理和心理因素,以及当时的社会环境等多种因素。角色扮演越成熟,其在生涯彩虹图中所对应的色带就越饱满。

2. 生命中各阶段所扮演的角色,延续的时期可用色带的长度来表示。

3. 可用不同的颜色来代表对该角色的喜好和期待。

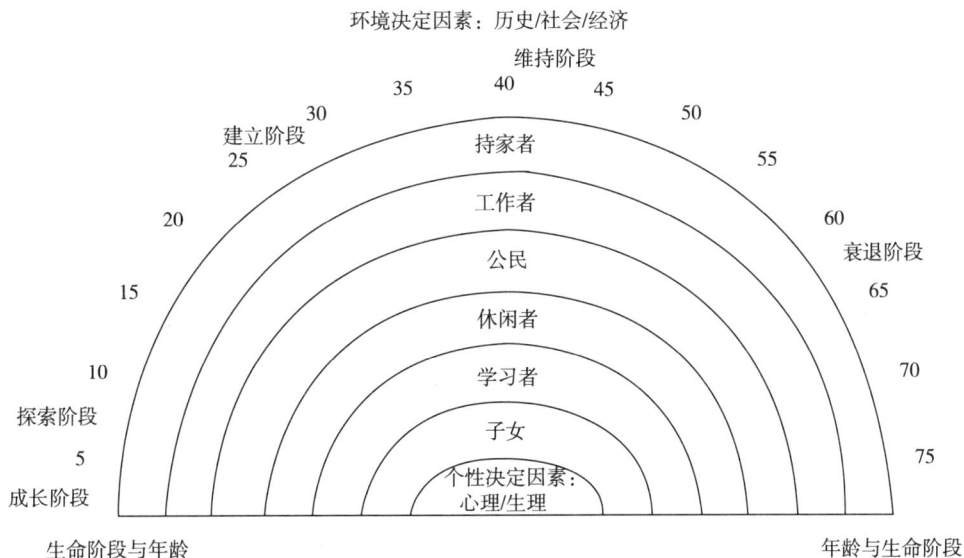

图1-4 生涯彩虹图

活动反思

1. 为生涯彩虹图中的每个角色找到一个幸福榜样,根据对榜样人物的分析,探索自己人生各角色的理想与目标有哪些?

　　2. 基于自己各角色的理想与目标,分析其具有哪些共性特征,将其提炼出来,这就是你的人生主题方向和意义。

　　3. 对照当下的自己,你与理想与目标的差距如何?你是否对现在的自己满意?

　　4. 如果想要实现自己的理想与目标,现在需要做些什么?

书网融合……

| 微课 | 习题 | 本章小结 |

第二章 探索专业与职业世界

PPT

📖 学习目标

1. 通过本章学习，掌握专业与职业的关系；熟悉未来工作的特征，医药行业就业市场需求；了解药学类专业的概念及其就业行业，医药行业的构成，无边界职业生涯的概念，药学类专业具体就业职业，医药行业的发展现状及变化趋势。

2. 具备依据新质生产力、战略性新兴产业以及国家发展战略，寻找与药学专业相关的职业机遇的能力。

3. 增强专业认同感，提高专业学习的动力。

第一节 药学类专业与职业

一、认识药学类专业

（一）专业的含义

专业是教育部门根据社会分工需要和学科体系的内在逻辑而划分的学科门类。高校按照专业设置组织教学，进行专业训练，培养专门人才。专业是学科和职业之间的桥梁，它按照学科进行划分，对应着一定的职业群。

职业群一般由基本专业技能相通，工作内容、社会作用以及从业者所应该具备的素质接近的若干个职位所构成。职业群横向划分，是指相同的职业存在于不同的产业或行业之中，例如，药学类专业的毕业生可以从事与药物有关的各个行业，如在研究机构、制药公司的研究部门从事药物研发的科研人员，或者在医院药剂科从事制剂、质检、临床药学等工作的医院药剂师。职业群纵向划分，是指同一职业存在于同一行业若干个不同的岗位及其可能晋升的职务上。例如，药物制剂专业的学生可以从事制剂研究员、制剂工艺开发员、注册事务专员、医药销售代表等多种职业。

专业是个人职业发展的基础，为相关的职业群体提供必要的基础知识和核心技能。

（二）专业的分类

《普通高等学校本科专业目录（2024年）》中将普通大学本科专业分为12个专业大类、816个专业。其中，12个大类为：哲学、经济学、法学、教育学、文学、历史学、理学、工学、农学、医学、管理学和艺术学。在这一分类体系中，药学类专业隶属于医学大类下。

（三）认识药学类专业

药学类专业是培养能够从事药物研究、生产和临床应用的高级药学专门人才的学业门类。根据前文提到的《普通高等学校本科专业目录（2024年）》，将药学类的专业分为药学、药物制剂、临床药学、药事管理、药物分析、药物化学、海洋药学、化妆品科学与技术。药学类专业学生主要学习药学、化学、生物学、基础医学等学科的基本理论、基本知识和基本技能，接受药学及相关学科基本实验技能的训练以及科学研究方法的基本训练，具备药物研究与开发、药物生产、药物质量控制和药物临床应用等方面的基本能力。药学类专业毕业生主要面向药物研发、生产、流通、管理、质量控制、临床应用等工作岗位，也可到医药院校、科研机构、管理部门从事教学、科研及相关管理工作。

根据社会对人才的不同需求确定了各专业的人才培养方案。阅读各专业的人才培养方案，可以帮助学生快速了解大学的学业规划目标及未来大致的职业发展方向。

二、专业与职业的关系

关于专业与职业的关系，存在两种常见的观点。一种观点认为，专业决定了职业；另一种观点则认为，专业与职业之间并无太多联系，许多成功人士所从事的职业与其原本所学专业并无直接关联。

实际上，职业与专业之间并非简单的对应关系，也并非完全无关。专业学习为个体提供了特定的知识与技能基础，但职业选择受到多种因素的影响，包括个人兴趣、市场需求、社会环境等。例如，学习工商管理的学生可以成为市场拓展专员或医药信息沟通专员，而学习药物分析的学生也可以成为药学编辑或药学教师。尽管许多成功者目前所从事的职业与其原本所学专业不同，但考察其毕业后从事的第一份正式职业，往往与所学专业存在一定的关联。

从个人发展的角度来看，学以致用是最符合经济效益的原则。如果个体从事的第一份正式职业与其所学专业紧密相关，那么可以有效提高个人的发展效率和职业适应性。因此，专业与职业之间的关系并非绝对，而是相互影响、相互促进的。

总的来说，专业与职业的关系可以概括为以下三种类型：一对一、一对多、多对一。

（一）一对一的关系

一对一的关系是指一个专业方向对应一个职业目标。在这种情况下，职业的技术含量通常较高且较为单一，主要适合专业技术人员。例如，数控机床专业的学生毕业后最适合从事数控机床的操作与维护工作，并可通过职业发展成为高级技师；烹饪专业的学生毕业后最适合成为厨师。

（二）一对多的关系

这类专业通常存在于普通高校中，其特点是"宽口径、厚基础"，即一个专业可以对应一个职业群。

以药物分析专业为例，其职业方向包括医药研发、药品监管、生物技术、药品生产、药品销售、科研教育等，职业则可以是药物分析研究员、药品检查员、药品质量控制员、医学信息沟通专员、药学教师等，如表2-1所示。

表2-1　专业和职业的对应关系（以药物分析专业为例）

领域	单位	职业	工作内容
医药研发	制药企业	药物分析研究员	负责药品成分分析和药效学研究
药品监管	药品监督管理局	药品检查员	监督药品生产和流通，确保药品安全
生物技术	生物技术公司	生物药品研究员	研究生物技术在药物开发中的应用
药品生产	制药企业	药品质量控制员	负责药品生产过程中的质量检测和控制
药品销售	药品销售公司	医学信息沟通专员	开展学术拜访，向医务人员传递医药产品相关信息
科研教育	高校/研究机构	药学教育工作者	从事药物分析相关课程的教学与科学研究

（三）多对一的关系

多对一的关系是指多种专业都可以匹配到某一种职业。比如高校教师、科研人员、编辑人员、营销主管、企业管理人员等。以药剂师为例，它可以接收药学、临床药学、生物制药等多种专业的学生。

三、药学类专业的主要就业行业

结合药学类专业特点及市场需求，药学类专业毕业生的主要就业行业集中在医药制造业、卫生和社会工作行业、科学研究和技术服务业、批发和零售业、教育行业等。

（一）医药制造业

这是药学类专业毕业生的主要就业领域，包括化学药品原料药制造、化学药品制剂制造、中药饮片加工、中成药生产、兽用药品制造、生物药品/制品制造、基因工程药物和疫苗制造、卫生材料及医药用品制造、药用辅料及包装材料制造等领域。随着国家对医药行业的重视和创新药物研发的投入增加，药学类专业毕业生在这一行业的就业前景广阔。

（二）卫生和社会工作行业

该行业包括医院、社区卫生服务中心、疾病预防控制中心等医疗卫生机构，药学类专业毕业生可以担任药师、临床药师、药学顾问等职位，参与药品管理、药事服务和药物治疗方案的制订与评估。

（三）科学研究和技术服务业

在科研院所、高校、医药研发公司等机构，药学类专业毕业生可以从事药物研究与开发、药物分析、药理毒理学研究、新药临床试验等工作，推动医药科技的进步。

（四）批发和零售业

在药品批发企业、药品零售连锁企业、医药电商等，药学类专业毕业生可以担任药品采购、药品销售、市场推广、药品监管等职位，参与药品的市场流通和管理。

（五）教育行业

在高校、职业技术学院、中学等教育院校，药学类专业毕业生可以担任教师、教辅、教育管理等职位，从事药学教育与教学研究工作，培养未来的药学人才。

药学类专业毕业生应积极适应行业发展趋势，不断提升个人专业技能和综合素质，以满足不同行业对药学专业人才的需求。

四、药学类专业的具体就业职业

医药行业涵盖了丰富的职业类别，包括实验室工作、商业运营、销售、市场、临床研究等工作，该领域提供了大量与个人独特的人格、技能、兴趣及长期目标相匹配的职业机会。扎实的科学或医药学背景是一笔宝贵的财富，能够在申请专利、推广产品、开展临床试验以及参与商业交易等多个方面，为个人的职业发展提供有力支持。

（一）风险投资

风险投资（venture capital）是医药相关行业中令人向往且充满活力的职业之一。这一职业对具有社会责任感和团队合作精神的科学家具有极大的吸引力，因为风险投资家有机会与拥有商业化突破性技术的成功企业家合作。

尽管大多数人认为风险投资家是创业者在筹集资金时需要接触的对象，但风险投资家自身也必须先为其基金筹集资金，随后才能将资金用于投资初创企业。风险投资家所提供的远不止资金支持。在投资一家初创企业后，风险投资家可能会进入公司董事会，监督其投资，并协助公司应对新兴业务中遇到的诸多挑战。因此，拥有成功初创企业的运营背景和经验被视为风险投资家的理想履历。

与风险投资家类似，企业风险投资家在大型制药或生物技术公司工作，他们使用所代表的生物制药公司的资金对私营企业进行投资。此外，一些机构投资者（也称为股票研究分析师）则专注于对上市公司进行投资。

许多风险投资公司还聘请了导师（学术界的科学家或行业专家）、顾问以及常驻企业家（entrepreneurs－in－residence，EIRs）。常驻企业家是经验丰富的高级管理人员，具备运营风险投资公司及管理其投资的能力。

除了上述职业类型外，还有一些与生物技术相关的职业，如天使投资人。天使投资人是高净值个人，通常在风险投资家介入之前，为私营公司提供资金支持，对具有发展潜力的私营企业进行早期投资。

（二）投资银行

投资银行（investment banking）主要涵盖三个职业领域：咨询服务、卖方股票研究以及销售交易。

其中，咨询服务提供商参与大型金融交易，例如协助客户筹集资金、完成首次公开募股（initial public offerings，IPO）以及企业兼并收购（mergers and acquisitions，M&A）。这一职业竞争激烈，可能需要频繁出差，但因其能够带来丰厚的回报，对于那些热衷于商业交易或对金融领域感兴趣的个人来说，是一个极具前景的职业选择。卖方股票研究分析师负责跟踪和调查上市公司的背景，并发布研究报告。这些分析师会对上市公司的股票进行评级，例如"买入""卖出"或"持有"，并向客户提供详细的分析报告。近年来，越来越多的投资银行聘请医学博士、药学博士和工商管理硕士，以分析和评估临床试验成功的概率，进而预测股票价值的走势。销售交易，销售人员负责进行股票交易，并促进股票的销售。

（三）创业

若考虑创业（entrepreneurship），建议选择"孵化器"或"加速器"。近年来，这两类机构在全球范围内如雨后春笋般涌现，数量不断增加。孵化器为初创企业提供了成长的土壤，企业可在此共享实验室设备与办公场所，并获得同行创业者的支持。这种协作环境促进了良好的交流与知识共享，成为创新的源泉。在孵化器中，创业者能够积累应对筹集资金、组建团队、开发产品等挑战的直接经验。此外，创业者还可参加"训练营"项目，以完善商业计划、筹集风险资本，并获得经验丰富的创业导师的指导。

（四）发现研究

发现研究（discovery research）与学术研究高度相似，是许多希望进入产业界的学生的常见选择路径。对于那些关注科学前沿、致力于改善人类健康、富有创造性思维的学者，以及那些单纯享受实验室工作并希望将实验室技能应用于产业界的个人而言，发现研究是一个理想的职业选择。

发现研究领域设有不同层级的职位，例如本科生和硕士研究生可以担任助理研究员，而博士研究生则可以致力于成为一名科学家。对于那些不想在管理岗位上走得太远、不想担任总监（director）和副总裁（vice president，简称VP）等高级管理职位的富有创造力的科学家来说，享有声望的"研究员（fellow）"或"在职科学家（staff scientist）"职位能够让科学家专注于研究，同时将行政负担降至最低。在发现研究的职业领域中，也存在一些与"实验台"工作不直接相关的职位，例如项目管理、投资组合管理等。如果个人兴趣随时间发生变化，发现研究也可以作为进入医药相关行业的跳板。

（五）临床前研究

临床前研究（preclinical research）在发现研究与临床开发之间起到了重要的桥梁作用，涵盖了药理学、毒理学、药物代谢动力学、病理学以及化学优化等多个领域。在此阶段，潜在的候选药物需在动物模型上进行测试，并在进入人体临床研究之前完成优化。由于许多研究项目在发现研究阶段即被终止（即失败），临床前科学家有机会专注于"最有希望的候选药物"，从而成为"赢家"。

（六）工艺科学

与发现研究类似，工艺科学（process sciences）为从事学术研究的科学家，尤其是化学家和生物化学家，提供了众多进入产业界的入门职位。这些职位涉及化学合成、药品生产以及规模扩大等方面。虽然候选药物可能在实验室环境中易于合成，但在临床试验阶段，必须开发出能够扩大该药物生产的方法，以满足临床研究及最终大规模生产的需求。这一职业领域运用科学知识和实验室技能来生产产品，并最终实现大规模制造。许多科学家选择这一领域，是因为他们可以创造性地参与设计放大的反应，并有机会见证他们研发产品的最终成果。对于具有工艺化学、制剂、分析化学教育背景，或在生物学领域有细胞培养、发酵、纯化或生物放大经验的个人，这一领域提供了广泛的职业选择。

（七）临床开发

在人体临床试验中测试药物作用的过程中，临床开发（clinical development）领域提供了众多职业机会和细分市场。临床开发涵盖医学监查（medical monitoring）、临床项目管理（clinical project management）以及临床研究监查员（clinical research associate，简称 CRA）等职位。此外，在生物统计学（biometrics，包括统计和统计编程）、医学写作（medical writing）、数据管理（data management）、药物安全（drug safety）/药物警戒（pharmacovigilance，简称 PV）等领域也设有相关岗位。

由于工作环境的快速发展，以及有机会与候选药物的最终"赢家"共同工作，临床开发领域吸引了众多从业者。通常，临床开发部门招聘具有医学、药理学、护理学或相关学科背景的专业人才。

（八）药品注册

药品注册（regulatory affairs）专员与项目团队紧密合作，管理研发进程，并与监管卫生机构进行沟通互动，例如美国食品药品管理局（food and drug administration，简称 FDA）、欧洲药品管理局（european medicines agency，简称 EMA）、中国国家药品监督管理局（national medical products administration，简称 NMPA）以及人用药品注册技术要求国际协调会（international conference on harmonization of technical requirements for registration of pharmaceuticals for human use，简称 ICH）。除了这一核心职位外，药品注册领域还提供了大量其他职业机会，如管理与提交注册资料、文档管理与发布等。

药品注册职位提供了较高的工作稳定性。其原因在于供求关系：具备药品注册工作经验的专业人士相对较少，而监管机构不断提高标准，要求更多的支持性研究和书面工作以批准产品用于人类使用。要在这一职位上取得成功，需要特别注重细节和流程导向，同时具备优秀的写作、沟通和人际交往能力。

（九）医学事务

药物获得批准后，医学事务（medical affairs）专员负责开展附加的临床研究。这些研究包括在非适应证试验中对药物进行其他疾病适应证的测试、研究药物间的相互作用，以及在不同患者群体中对药物进行测试。此外，医学事务专员还需将这些新的研究发现传播给相关专业人士。

医学事务领域包含多个部门。其中，临床开发专员负责开展 4 期临床试验；医学传播（medical communications）部门负责为执业医师举办医学教育活动；医学科学联络官（medical science liaisons，简称 MSL）则向临床医师和各专科医生提供最近发表的临床数据。医学事务的另一个重要领域是药物警戒和药品安全，这涉及监测药物疗效以及处理上市药物所发生的个体药品不良事件。若不良事件与药品相关，必须及时上报给监管机构。这些职位通常需要具备医生、护士或药师的教育背景。

（十）项目管理

对于那些对药物发现和开发各阶段的细节感兴趣，但又不希望从事实验室研究工作的人来说，项目管理（project management）是一个值得考虑的职业选择。实际上，项目管理者并不直接做出重大决策，而是负责促进决策过程并管理多学科团队。他们需要具备远见卓识和领导力，与团队成员及管理层进行有效沟通，组织会议，分配资源，进行风险管理和问题解决。药物发现与开发以及医疗器械开发的每个领域都需要项目管理的支持。项目管理涉及的共同领域包括发现研究、临床开发、化学制造与控制（chemistry manufacturing and controls，简称 CMC）。此外，财务、设施管理、投资组合管理等领域同样需要项目管理者的参与。

项目管理是一个能够促进个人在人际关系、影响力和领导力方面发展的领域，并且在推进项目的过程中，能够培养更深层次的问题解决能力。从事项目管理之后，个人将具备进入公司任何职业领域的潜力。

（十一）商务和公司拓展

商务和公司拓展（business and corporate development）专员与公司管理团队共同确定公司的战略目标。例如，他们决定哪些内部产品将获得资金支持，以及引进哪些产品等。公司拓展是一个战略决策部门，负责确保公司获得足够的财政资源，以保障持续运营并达成战略目标。公司拓展管理层经常参与公司的筹资工作，无论是筹集风险资本、企业资本，还是在公共实体（已上市公司股份，PIPE）交易中进行私人投资。

商务拓展部门负责制订和实施与公司战略目标一致的交易。交易可以是经另一家公司许可、买入（in‑licensed, acquired）的技术，也可以是授权、出售（out‑licensed, sold）给其他公司的技术。小型生物技术公司通常没有足够的财力使一款新药通过临床试验。相反，大多数小型生物技术公司依赖于将他们的初始产品授权给资金充裕、正寻求用新产品填补药物开发管线的大型生物制药公司。作为交换，大型生物制药公司将支付部分或全部剩余的临床开发费用，并为小型生物技术公司提供基于里程碑的资金。

商务拓展涉及多个步骤，每一步都涉及商业和科学专业人员的不同角色。例如，包括商业战略顾问和咨询师，他们为财务和战略方向提供商业洞察；确定哪些产品具有最高成功概率的投资组合经理；识别和评估新商业机会的技术侦察员和分析师；参与完成交易的授权人员可以参与谈判、设计付款或安排交易的最终条款；最后是执行交易和管理合作伙伴关系的联盟经理。他们充当主要联络人，确保交付物达到客户要求。

需要提醒的是"商务拓展"职位通常意味着一个"销售"机会。事实上，商务拓展在某种程度上是销售交易——只是交易时间更长、更复杂而已。

（十二）市场

市场（marketing）部门与销售部门共同确定产品的销售和广告策略。他们负责管理品牌，并决定产品如何被目标消费者感知。市场部门的主要职责是向消费者传达信息并制定商业战略。例如，如果有一款优质产品，如何在监管机构的指南和权限内，向全球市场介绍这款产品？市场推广还涉及心理学因素，即研究人们如何做出购买决策，以及如何向目标市场提供正确的信息。市场活动贯穿公司的整个生命周期，即使在公司初创阶段，也可能进行市场研究分析。几乎每个从风险投资家那里筹集资金的首席执行官（CEO）都会在公司的商业计划中讨论目标市场。

市场领域的职业提供了良好的领导力培训机会。许多大型制药企业的 CEO 都是从市场部门开始他们的职业生涯。如果个人有成为 CEO 的雄心壮志，从事市场部门的工作可以获得战略领导力培训和运营公司所需的技能。

与商务拓展类似，市场也是一个令人兴奋且备受青睐的职业领域。一旦积累了一定的市场经验，个人将更容易在众多相关职业中游刃有余。

品牌管理（brand management）是对特定产品的商业化承担职责。医药领域中的品牌管理基本包括促销、医学教育、消费者营销、全球化营销和管理式护理营销。新产品规划专员协助临床团队制订药物开发计划的最佳市场战略。此外，还有其他分支领域，如商业战略、数据分析和预测等。

药学类毕业生进入市场领域的最简单途径之一是选择销售或市场调研工作。市场调研主要负责收集和分析有关市场规模、目标客户和消费者偏好的数据。

（十三）销售

销售（sales）专员协助客户正确使用产品，向医生提供有关药物和产品的信息，并确保客户提出的任何问题和顾虑都能得到及时且准确的解答。对于那些积极主动且精力充沛的个人来说，销售可能是一个具有一定丰厚回报的职业选择。从事销售工作通常享有诸多额外津贴，除了销售佣金外，许多销售代表还可以选择在家办公。这为居住在就业机会较少地区的人们提供了更多选择的可能性。当然，为了开拓市场和维护客户关系，销售专员也需要经常出差。

销售职位为应届毕业生和转行者提供了良好的入门机会，公司通常会提供系统的销售培训。一旦掌握了销售基础，个人会发现销售领域中有许多不同的职位可供选择，包括销售管理、销售运营和客户关系管理等。销售的岗位类型丰富多样，例如销售试剂、仪器、显微镜、临床前和临床试验服务等。对于那些有兴趣使科学知识更易于理解的科学家来说，可以考虑从事生物和医学研究产品的技术销售，如仪器设备、生物工具、软件和服务等。在此岗位上，个人有机会与高水平的研究人员或学术界的知名教授合作，协助他们做出技术销售决策。销售代表、现场应用专家或科学家（field application specialists or scientists，简称 FAS）密切合作，提供其技术专长，以促成销售交易。

（十四）管理咨询

管理咨询（management consulting）是一份快节奏、智力密集型的职业，能够充分发挥个人的分析技能，推动变革，并助力公司取得成功。大多数管理咨询公司均提供系统的培训项目，部分公司甚至提供 MBA 微学位课程，帮助咨询师学习商业基础理论。

管理咨询师作为公司高层的战略顾问，对公司业务的各个方面进行全面的战略分析，涵盖战略规划、投资组合管理、定价策略、运营管理、生产效率、财务管理、成本削减以及市场竞争等多个领域。全球范围内有几家主要的管理咨询公司，同时也有许多专注于医药领域的小型咨询公司。此外，一些提供生命科学咨询服务的会计师事务所也值得关注。管理咨询工作通常需要频繁出差，但薪酬待遇较为优厚。

（十五）企业传播

对于具备写作天赋的个人而言，企业传播（corporate communications）是一个值得考虑的职业方向。该领域涉及管理公司的整体形象，即投资者、消费者和公众对公司的认知与评价。企业传播涵盖多个职业领域，例如：投资者关系专员（investor relations professionals），负责与公司投资者进行沟通互动。公共关系专员（public relations professionals），管理公司形象及公司新闻。政府事务专员（government affairs professionals），制定科学政策，并向政府通报相关信息，以影响政策制定。公司事务和市场传播领域适合具备卓越写作技能的科学工作者。在初级职位上，个人可能参与撰写新闻稿、创建投资者文件包等工作。

（十六）工程学

在医药领域，尤其是在生物工具、生物燃料、生物信息技术和医疗器械产业中，工程师的职业机会丰富多样。这些机会包括设计、开发和测试人体假肢装置，如仿生手臂、仿生腿、仿生脚踝和仿生手。此外，还有机会为生物技术和制药行业的研发人员开发和生产新型基因测序仪器。在生物燃料领域，化学工程师和机械工程师的需求也在增加，他们致力于开发可再生燃料的新方法及机械加工技术。医药领域的各个部门，包括治疗、诊断、医疗器械、研究试剂和工具、生物农业、生物燃料和工业生物技术产品等，均要求从业者具备工程、生物工程、生化工程等相关教育背景。

（十七）运营

运营（operations）工作涉及协调各类运营要素，以确保其协同运作。运营人员的主要职责是生产和销售高质量、低成本的产品。他们专注于提升流程效率，擅长解决问题并有效执行计划。这一职位节奏快速，工作内容丰富多样，能够充分发挥个人的科学与商业智慧，对公司的效益产生直接影响。

（十八）质量

注重细节作为一项突出品质，与质量控制领域的工作高度契合，有利于个人的职业发展。质量（quality）岗位通常具有较高的就业稳定性，且多数职位无需频繁出差（审计师除外）。质量工作旨在确保产品和生产流程的一致性，并符合药监部门的严格规定。在治疗性公司中，质量工作保障人类和动物使用的产品纯净且安全。

质量领域为应届毕业生及转行者提供了良好的入门机会。质量控制专员（quality control，简称 QC）负责对产品进行检测，确保其符合规范要求；质量保证专员（quality assurance，简称 QA）则提供确保生产过程正确的文件支持；合规工作确保公司的系统和流程符合法规要求。大多数生物工具和医疗器械公司均设有质量系统部门，专门负责计算机系统的验证工作。

（十九）生物信息

生物信息（bio – iT）技术领域的职业适合对信息技术感兴趣的科学家、对生物学感兴趣的计算机专家，以及介于这两种类型之间的人才。随着生物学的快速发展，处理大量数据的需求急剧增长。例如，基因组测序过程中产生的海量数据处理就是一个重大挑战。此外，在药物或产品的发现与开发的几乎每一个环节，信息技术（IT）组件都是不可或缺的。因此，同时具备 IT 和生物科学背景的人才需求量很大，备受青睐。

生物信息技术的职业机会丰富多样。除了生物信息学和"组学"领域外，还包括临床数据管理、患者登记、IT 基础设施、IT 质量以及医疗信息技术领域，如电子健康记录和移动健康等。

（二十）技术和产品支持

对于喜欢与客户合作的个人，技术和产品支持（technical and product support）类工作是一个值得考虑的选择。技术支持代表负责接听客户电话，解答有关技术和产品的问题，并通过持续学习成为公司相关产品的专家。许多技术支持代表在积累经验后会转向产品开发领域。技术支持的工作环境通常是协作和友好的，大多数职位的工作时间相对固定，且很少需要出差。

对于热爱教学的个人，技术培训师（technical trainer）是一个理想的职业选择。技术培训师通过制作演示文稿或组织研讨会，向客户传授如何使用新产品。此外，许多技术培训师在没有培训任务时可以选择在家办公，这为工作与生活的平衡提供了便利。

（二十一）法律

专利、版权和商标等知识产权通常是生物技术公司最有价值的资产，尤其是在公司发展的早期阶段。专利律师和代理人负责起草和管理专利申请。此外，还有其他法律领域同样值得关注，例如交易法、公司法和诉讼法。交易律师：负责起草和谈判商业交易文件，确保交易的合法性和合规性。公司律师：负责组建公司，并协助处理各类商业交易，如并购、首次公开募股（IPO）和风险融资等。诉讼律师：近年来，随着大型生物技术公司的成功和财富积累，专利侵权案件日益增多，诉讼律师在其中扮演着重要角色，负责处理相关法律纠纷。除了上述领域，还有其他与法律相关的职业，例如国家知识产权局的专利审查员。法律领域的职业竞争激烈，但同时也带来了智力上的挑战和经济上的回报。

（二十二）人力资源和招聘

在企业初创阶段，构建一支优秀的团队至关重要。公司所聘用的人员不仅需要具备与岗位相匹配的专业技能，还应能够融入团队文化。个人的技术知识和商业头脑可以成为进入人力资源和招聘领域的无形资产。人力资源领域，即负责管理公司的企业文化、员工关系和员工治理，通常由具备商业背景的专业人士担任；然而，科学家同样可以凭借其专业知识和技能进入这一领域。

招聘工作可以是一份令人满意的职业，因为它不仅帮助公司识别和雇佣具备适当技能且与公司文化相契合的人才，同时也协助候选人找到有前途的工作机会。招聘行业包含多种类型的公司，从大型国际高管猎头公司，到应急招聘、临时招聘和劳务公司等，不一而足。

（二十三）政府、科研机构工作

在政府和科研机构工作（careers in government and research institutions），个人能够将商业和科学训练应用于社会服务，为公共利益做出贡献。政府部门提供了众多的职业机会。在中国，相关的政府部门和组织包括：国家级机构，如国家药品监督管理局（NMPA）、国家药品监督管理局药品审评中心（CDE）、中国疾病预防控制中心（CDC）等，以及各省、市地方级的监管机构。此外，还有众多医药类科研机构和高校。

（二十四）非营利组织

在非营利组织（careers in nonprofit organizations）工作，个人有机会与学者、医疗倡导团体和慈善家合作，运用自身的科学和商业智慧，不仅能够激励他人，还能为社会做出积极贡献。除了传统的非营利组织外，近年来新的商业模式不断涌现。许多非营利组织内部积极开展药物发现与开发研究以及诊断技术的研发，其运作模式与生物技术公司相似。

非营利组织提供了丰富多样的商业和科学相关工作机会，涵盖项目管理、社会工作、开发（融资）、市场营销、推广、运营、科学事务、金融、传播等领域。此外，从助理研究员或科学家到首席科学官（chief scientific officer，简称CSO）、专利和许可等职位也广泛存在。科学协会为药学类专业的学生提供了一定的工作机会。此外，还可以考虑在生物技术产业园区内由政府运营的创新中心工作，这些机构为接触众多初创公司提供了宝贵机会。

在中国，相关的非营利组织包括中国医药创新促进会（China pharmaceutical innovation and research development association，简称PhIRDA），该组织是经国家民政部登记注册的非营利性全国性4A级社会组织；中国医药生物技术协会（China medicinal biotechnology association，简称CMBA），以及中国化学制药工业协会等。

（二十五）药师

药师（pharmacist）与其他医疗服务人员在医院药房或社会药房中开展药学服务，共同设计、实施和监测药物的使用，其核心目标是确保患者获得安全、有效、经济且合法的治疗药物。药师通过提供专业知识和信息，以高度负责的态度管理药物治疗，以实现特定的治疗效果，进而提升患者的生活质量。

现代药学服务不仅涵盖传统的处方调剂、药品检验和药品供应，还贯穿患者用药需求的全过程。这包括选药、用药、疗效跟踪、用药方案的设计与调控、不良反应的预测与规避、疾病的预防与治疗，以及患者健康教育等一系列服务，覆盖医疗过程的各个环节。

第二节　探索医药行业

一、产业和行业

（一）产业的概念和分类

产业是指众多具有不同分工但利益相互关联的相关行业所组成的集群。这些行业或企业的经营活动及其经营范围均围绕某一类共同产品展开，它们可能采用不同的经营方式、经营形态、企业模式和流通环节。这些不同的经营形态在构成产业的各个行业内部完成各自的循环。

产业是社会分工和生产力不断发展的产物，是国民经济活动中最基本的类型。根据国家统计局2018

年修订的《三次产业划分规定》，我国产业划分为第一产业、第二产业、第三产业。

第一产业是指农、林、牧、渔业（不含农、林、牧、渔服务业）。

第二产业是指采矿业（不含开采辅助活动），制造业（不含金属制品、机械和设备修理业），电力、热力、燃气及水生产和供应业，建筑业。

第三产业即服务业，是指除第一产业、第二产业以外的其他行业。具体包括：批发和零售业，交通运输、仓储和邮政业，住宿和餐饮业，信息传输、软件和信息技术服务业，金融业，房地产业，租赁和商务服务业，科学研究和技术服务业，水利、环境和公共设施管理业，居民服务、修理和其他服务业，教育，卫生和社会工作，文化、体育和娱乐业，公共管理、社会保障和社会组织，国际组织，以及农、林、牧、渔业中的农、林、牧、渔服务业，采矿业中的开采辅助活动，制造业中的金属制品、机械和设备修理业。

（二）行业的概念和分类

根据国家统计局2017年发布的《国民经济行业分类》国家标准（GB/T 4754 – 2017），行业是指从事相同性质经济活动的所有单位的集合。换言之，行业是在经济生活中从事相同性质产品生产或提供相同性质服务的经营单位或个体的组织结构体系。例如，制造业、煤炭开采和洗选业、石油和天然气开采业等，均是围绕某一种产品的生产或服务开展工作的。

行业共分为20个门类、97个大类、473个中类、1382个小类，具体分类见表2 – 2。

表 2 – 2　国民经济行业分类

产业	门类代码	类别名称
第一产业	A	农、林、牧、渔业
第二产业	B	采矿业
	C	制造业
	D	电力、热力、燃气及水生产和供应业
	E	建筑业
第三产业	F	批发和零售业
	G	交通运输、仓储和邮政业
	H	住宿和餐饮业
	I	信息传输、软件和信息技术服务业
	J	金融业
	K	房地产业
	L	租赁和商务服务业
	M	科学研究和技术服务业
	N	水利、环境和公共设施管理业
	O	居民服务、修理和其他服务业
	P	教育
	Q	卫生和社会工作
	R	文化、体育和娱乐业
	S	公共管理、社会保障和社会组织
	T	国际组织

二、医药行业的构成

医药行业作为国民经济的重要组成部分，其产业结构复杂且具有高度的专业性。从产业链视角来看，医药行业涵盖了从研发、生产到流通、服务的完整价值链条，每个环节都具有独特的专业特征和发展规律。理解医药行业的分类体系和产业链构成，不仅有助于把握行业全貌，更能为职业选择提供系统化的分析框架。

清华大学全球产业研究院发布的《中国医药产业创新发展报告》对我国医药行业的构成进行了深入分析。

（一）医药行业分类

按照产品类型可分为化药（小分子化合物）、生物药（生物制品）、中药（天然来源药物）、医疗器械等；按照应用目的可分为预防、检测诊断、治疗、康复等；按照人体生理系统或疾病的特点可分为肿瘤、心脑血管疾病、内分泌及代谢调节疾病、神经退行性疾病、高发性免疫疾病、重大传染性疾病以及罕见病等；按照应用的技术类型可分为基因组学、细胞免疫、体液检测、脑科学、单克隆抗体以及化学小分子等；药品按照创新性和研发难度可分为原研药、改良型新药、专利到期药、首仿药、仿制药以及原料药等。

国内外研究机构对医药行业的描述和界定，显示出明显的多元化特征。这些描述包括：医药（pharma）、生物医药（biomed）和医疗器械（meddev），生命科学领域（life science），医药卫生产业、医疗保健行业、大健康产业（healthcare）等。不同机构对医药行业给出的多元化分类情况，如表 2−3 所示。

表 2−3 医药行业多元化分类

名称	分类
国民经济行业分类（GB/T 4754—2017）	a）27 医药制造业
	271 化学药品原料药制造
	272 化学药品制剂制造
	273 中药饮片加工
	274 中成药生产
	275 兽用药品制造
	276 生物药品制造
	277 卫生材料及医药用品制造
	b）354 印刷、制药、日化及日用品生产专用设备制造
	c）358 医疗仪器设备及器械制造
	3581 医疗诊断、监护及治疗设备制造
	3582 口腔科用设备及器具制造
	3583 医疗实验室及医用消毒设备和器具制造
	3584 医疗、外科及兽医用器械制造
	3585 机械治疗及病房护理设备制造
	3586 康复辅具制造
	3589 其他医疗设备及器械制造
	d）F 批发和零售业
	515 医药及医疗器材批发
	525 医药及医疗器材专门零售
	e）84 卫生

续表

名称	分类
工信部消费品司统计分类	a）化学药品原料药制造
	b）化学药品制剂制造
	c）中药饮片加工
	d）中成药制造
	e）生物药品制造
	f）卫生材料及医药用品制造
	g）制药机械制造
	h）医疗仪器设备及器械制造
申万三级行业分类	a）生物制品Ⅲ
	b）化学原料药
	c）化学制剂
	d）中药Ⅲ
	e）医疗器械Ⅲ
	f）医疗服务Ⅲ
	g）医药商业Ⅲ
战略性新兴产业支持的相关领域	a）生物医药产业
	新型疫苗
	生物技术药物：细胞治疗相关技术
	化学药品与原料药制造
	现代中药与民族药
	生物分离介质与药用辅料
	海洋生物医药
	生物医药服务
	b）生物医学工程产业
	医学影像设备：医学影像；数字 X 线机；高性能超声诊断设备
	先进治疗设备：肿瘤治疗设备；数字化手术设备；生命支持设备；植入电子治疗装置；康复治疗设备；激光治疗设备；专科治疗设备
	医用检查检验仪器：医用检查检验；生化检测；分子检测仪器
	植介入生物医用材料：植介入生物医用产品、材料
中国制造 2025 支持的相关领域	a）发展针对重大疾病的化学药、中药、生物技术药物新产品
	新机制和新靶点化学药
	抗体药物
	抗体偶联药物
	全新结构蛋白及多肽药物
	新型疫苗
	临床优势突出的创新中药
	个性化治疗药物
	b）提高医疗器械的创新能力和产业化水平，重点发展
	影像设备、医用机器人等高性能诊疗设备
	全降解血管支架等高值医用耗材
	可穿戴、远程诊疗等移动医疗产品
	c）实现生物 3D 打印、诱导多能干细胞等新技术的突破和应用

（二）医药行业产业链概览

我国医药产业生态包括基础研究、研发试验、生产、流通、销售终端、医生和患者、支付方等各个环节（图2-1）。整个医药产业链环环相扣，互相影响与制约。其中，高校和科研院所的基础研究提供源头创新、药物发现和技术支持；药企和合同研究组织（contract research organization，CRO）企业的研发活动位于产业链的核心；经过审批，医药产品进入药企的生产环节或外包给合同加工组织（contract manufacture organization，CMO）；然后通过医药公司、代理商等渠道，进入药店、医药电商以及药房、医院诊所等销售终端，最终的服务对象是患者；产业链中，支付方对产业发展起到引导和支持的作用，包括医保、商业保险以及个人的消费支持。

此外，央地各级政府部门负责顶层调控和监管；行业协会、产业园区、创新联盟为医药产业发展创造良性的子生态圈；智库、咨询、展会、媒体等组织实时提供信息服务；标准、物流等软硬件设施的建立支撑整个产业的发展；投资者也为各个环节提供资金支持。

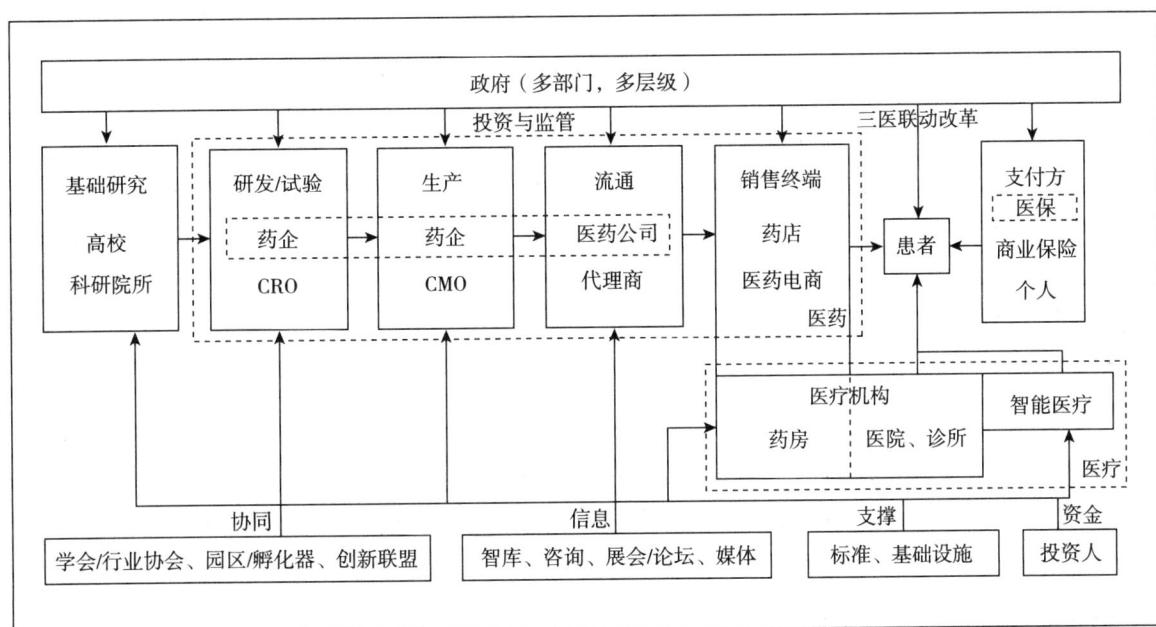

图2-1　医药产业参与方

医药产业链的上游包括原料药、中间体、中药材种植等，中游包括化学制剂、中成药、生物制药和医疗器械等的研发和生产，下游则主要是医药流通。其中，上游子行业受产品价格波动影响较大；中游受政策影响较大，如药价调控、生物技术的扶持、新医改政策的实施对不同子行业都有影响；下游的流通发展动力来自销售渠道的重组。

其中，医药CRO企业侧重于实验室阶段小批量新药化合物的合成，临床前研究如药代动力学、药理毒理学和动物模型等，以及各类临床试验服务，其目的是通过合同形式向制药企业提供新药临床研究服务的专业公司；医药CMO即合同加工外包，主要是接受制药公司的委托，提供产品生产时所需要的工艺开发、配方开发、临床试验用药、化学或生物合成的原料药生产、中间体制造、制剂生产（如粉剂、针剂）以及包装等服务。近年来，大型药企常通过将药物研发和生产中部分环节向CMO企业外包以达到提升自身经营效率，降低运营成本，分散研发风险的目的。此外，中小型新药研发企业的兴起也进一步刺激外包需求增长。

三、医药行业的发展现状

某公司从医药行业的宏观与政策环境出发，深入剖析了各细分领域的发展态势，对我国医药行业的发展现状进行了系统性分析。该研究不仅涵盖了行业整体的运行状况，还聚焦于不同细分领域的特点与趋势，为理解我国医药行业的全貌提供了重要视角。

（一）宏观与政策环境

1. 宏观环境　根据国家统计局数据，中国卫生总费用从 2014 年的 3.53 万亿元跃升至 2023 年的 9.06 万亿元，年化增长率约为 11%，远超同期 GDP 增速，且预期未来仍将持续增长。从结构上看，随着医保制度体系的确立与不断完善，我国居民参保率已接近饱和，卫生总费用亦逐步由个人现金支出向政府与社会支出倾斜，个人现金卫生支出占比近十年累计下降 4.66 个百分点，居民个人医疗负担实现有效减轻。总体而言，卫生总费用的快速增长为医药行业的长期发展提供了充足的资金流，为保障国民健康奠定充实的物质基础，同时个人负担的减轻有利于增强医疗服务普及性，促进医药行业总体市场规模稳步提升。

2. 政策环境　在监管层积极加快接轨国际主流市场标准，推进与国际医药法规接轨、标准互认和质量互信的趋势下，国内创新药企逐步具备了良好的政策保障，持续融入全球医药市场。我国药品临床试验数量增速显著提升，创新药获批加速。近年来《政府工作报告》《"十四五"生物经济发展规划》《"十四五"医药工业发展规划》等一系列文件的发布鼓励国内药企加快"走出去"的步伐，在海外建立研发机构、开展临床试验、建设生产基地、销售网络、供应链及服务体系，加快融入国际市场全产业链，打造国际知名的中国医药品牌。国内医药企业亦在本土竞争中逐渐将目光转向海外市场，出海寻求发展机遇。

（二）细分领域发展态势

1. 化学原料药　根据国家统计局数据，2024 年 1 月至 2024 年 11 月国内化学药品原料药产量达到 320 万吨，同比增长 6.30%，维生素、抗生素等大宗原料药保持旺盛需求。未来几年专利悬崖到来趋势下，仿制药企的扩产预期亦带动相关原料药配套增产，国产大宗原料药与特色原料药均有望凭借产业链与成本优势进一步打开国际市场。

2. 化学制剂　在集采与医保谈判等一系列控费政策常态化运行及监管措施升级背景下，我国化学制剂行业已整体从普药的白热化竞争中转向创新药领域的持续拓展，产能整合继续加速，同时产业结构进一步优化。从市场规模来看，化学制剂仍为我国医药工业的第一大细分领域，行业竞争激烈且企业数量众多，头部企业凭借强大的研发能力、丰富的产品条线、良好的品牌口碑以及完善的产业链布局在行业内占据一定优势地位。2024 年以来，肿瘤、自身免疫疾病等领域正吸引众多药企竞相布局，围绕新机制与新靶点药物基础研究和转化应用不断取得突破，以基因治疗、细胞治疗、合成生物技术、双功能抗体等为代表的新一代生物技术亦日渐成熟，为化学制剂行业带来新的机遇与挑战。

3. 生物制药　自 2020 年"出海元年"以来的火热形势，中国创新药企在研发创新、市场拓展和国际化战略推进上取得长足进展，更多"中国药"正加速走向全球市场。2024 年全年海外授权总金额高达 525.7 亿美元，同比增长 27.4%，抗体偶联药物 ADC、双抗药物的合作交易频繁。在国内竞争加剧的形势下，生物制药企业出海决心更加坚决，其不断提升的研发水平与研发质量亦在逐步得到全球认可，特别是在 2024 年以来资本市场 IPO 阶段性收紧，医药中小企业融资面临困难的背景下，海外交易项目为行业内研发实力突出但资金流紧张的中小型生物技术公司提供了良好的流动性与资金来源，为其研发管线推进与研发成果输出提供根本保障。

4. 医疗器械　随着我国高值耗材及医疗设备的研发与制造水平不断提高，在国产替代持续推进的同时，很多高附加值的医疗器械产品亦有望拓展国际市场。2024 年高端医疗设备、体外诊断 IVD 等出海实现快速增长，其中北美、东南亚、欧洲等区域均为我国医疗器械出海重要市场。根据中国医药保健品进出口协会整理数据，2024 年上半年医院诊断与治疗类产品作为医疗器械出口最大细分类别，出口额同比略增 2.5%，达 103.95 亿美元。美国仍为我国医疗器械出口第一大市场，出口额占比为 23.7%。

根据弗若斯特沙利文数据，2023 年我国医疗器械行业市场规模正式迈入万亿门槛，2019—2023 年市场规模复合增长率高达 13.53%，系全球主要国家中医疗器械行业扩张速度最快的区域市场。

5. 中药　目前我国中药行业竞争格局较为稳定，其中成熟中药品种通常已占据较高市场份额并拥有良好的患者基础与口碑，行业内主要竞争者基于自身品种优势可实现较为稳定的利润与现金流，并不断向创新品种拓展。未来中药行业在保持现有竞争格局与发展趋势的基础上，随着创新品种逐步推向市场，中药市场发展空间亦将更加广阔。新药研发管线丰富、研发与降价风险可控以及现有品种市场地位较为稳固的中药企业有望保持良好的经营业绩。

四、医药行业人才需求趋势分析

据调查，我国医药行业的人才需求趋势分析如下。

（一）医药制造行业快速发展，人才紧缺程度持续攀升

随着国内医疗卫生费用的逐年增加，医药制造业迎来了快速发展的阶段。在这个过程中，企业对于专业人才的需求不断上升，尤其是在药品研发、生产以及质量控制等关键领域，这些岗位通常要求较高的专业技能和知识水平。由于这类专业人才的培养周期较长，且市场需求量大，在短期内出现了供不应求的局面。某项数据显示，2024 年医药制造行业人才紧缺指数走势均高于全行业平均值，尤其是在 2023 年 7 月到 2024 年 2 月，行业整体处于人才供不应求的态势。

（二）行业市场竞争压力加剧，高素质研发人才需求增势强劲

随着市场竞争的加剧，越来越多的医药制造企业开始认识到研发的重要性，并加大了对研发的投入，这也增加了行业内对于高素质人才的渴求，特别是在生物制药、基因工程等领域，高端研发人才的缺口尤为明显。药品研发、医药研发管理、质量管理总监/经理/主管、科研人员等研发职位人才活跃程度明显提升。医药销售管理、生物制药/工程、药品生产/质量管理等业务和技术类职位人才需求最高，临床监查员 CRA、医学经理/专员、药物分析等职位人才需求同比有所增长。

（三）创新引领海外人才回流，人才集聚驱动产城兴旺

随着中国医药制造市场规模的扩大和产业高质量发展，国内对于医药制造行业的专业人才需求也在不断增长。一系列政策也不断吸引海外高层次人才回国创新创业，美国、加拿大、英国等地医药制造行业人才纷纷流入国内，占比位居海外人才来源前三。在国内人才流动方面，在医药政策改革、海外人才回流、金融资本助力等多重因素推动下，我国医药产业迎来窗口期，形成了长三角、京津冀、粤港澳大湾区、成渝双城经济圈等代表性产业聚集区。上海、北京、苏州、成都、广州等城市也成为医药制造行业人才流入最多的地区，整体流入人才占比超过 50%。

（四）部分医药制造产业转移，中西部地区人才需求旺盛

随着医药行业的深化改革，规模化程度高、技术先进的医药制造企业在激烈的市场竞争中更具优势，也将引导我国医药制造业向集中化、规模化和规范化发展。得益于承接产业转移和与海内外企业的深度合作，成都、武汉、长沙等中部及西部城市积极培育和发展新质生产力，医药制造行业热招职位人才需求增速强劲。

第三节 未来的职业世界

一、无边界职业生涯

20 世纪 90 年代，无边界职业生涯的概念被提出。无边界职业生涯是指一种不局限于单一雇佣范围的职业路径，这种职业路径不仅涵盖当前受雇组织，还涉及不同的岗位、专业、职能与角色，甚至跨越国别、地域与文化等界限。例如，零工经济、共享员工等新型职业形态，均为无边界职业生涯的具体体现。

（一）无边界职业生涯的特定内涵

无边界职业生涯的特定内涵包括：①个体为追求自身利益的最大化，有能力并可能跨越不同受雇组织的边界，以实现更广泛的职业发展机会；②个体能够从所就职组织之外获得职业资格认证和市场竞争力的判定，而不局限于组织内部的评价体系；③个体的职业生涯与就业机会依赖于外部人际关系网络或信息的支持，并能够有效利用这些资源为个人的职业发展服务；④传统组织的职业生涯边界（主要以层级报告和晋升原则为特征）被打破，个体不再局限于单一组织内的职业发展路径；⑤个体在职业生涯发展过程中，不仅考虑工作机会和职业发展，还将个人生活品质和家庭因素纳入职业决策的影响范围，注重职业生涯与生活的平衡；⑥个体在选择职业道路时，往往依赖于个人的感悟和期望，可能会忽略现实条件的限制，而构想一个没有边界的未来。

无边界职业与传统职业生涯，其区别见表 2-4。

表 2-4 无边界职业与传统职业的对比

方面	传统职业	无边界职业
雇佣关系	员工通过其忠诚度获得职业稳定性	良好绩效带来持续学习的动力，增强竞争力
职业边界	服务于一至两家公司	在多家公司工作
技术	服务于特定公司	可转移
职业管理责任	由组织负责	由个人负责
培训	正式的	随时的、自觉的
成功标准	晋升、薪酬	工作有意义
职业阶段划分	时间导向	学习导向

无边界职业生涯的出现，提升了个体职业身份的流动性，并对个体的职业能力提出了新的要求。传统的、仅适用于特定组织的专门化技能已不再占据核心地位。这种职业模式打破了个人与组织之间相互依赖的职业身份认同，增强了个体的职业自主性。与此同时，职业成功的衡量标准也发生了根本性的转变，从外在标准向内在标准转变。除了在个人层面的变化外，无边界职业生涯在组织层面也引发了诸多变革。具体表现为人力资本中介模式的兴起，为灵活的雇佣关系提供了平台性保障。组织结构趋向精简，扁平化、小型化趋势愈发明显。

（二）无边界职业生涯的典型表现形式

进入 21 世纪，无边界职业生涯的影响持续扩大。相关专家进一步提出了智力型职业生涯、多变性职业生涯等概念，这些均被视为无边界职业生涯的典型表现形式。

1. 智力型职业生涯　智力型职业生涯指的是那些高度依赖个人的知识、技能和智力的职业路径。这类职业通常需要高水平的教育背景和专业知识，从业者通过不断学习和积累知识来维持和发展自己的职业生涯。在 21 世纪，由于知识更新速度加快，智力型职业生涯往往表现出更强的学习性和适应性，这与无边界职业生涯所强调的灵活性和个人能力提升相契合。例如，数据科学家的工作内容包括但不限于构建预测模型、优化算法、开发新工具和技术。为了应对快速变化的技术环境，数据科学家们常常参加各种研讨会、在线课程或获得认证，以此来不断学习新的理论和技术，确保自己始终处于行业前沿。由于数据科学领域的快速发展和技术更新频繁，许多数据科学家会选择跨行业工作，甚至自主创业，这体现了其灵活性和个人能力提升的特点，符合无边界职业生涯的理念。

2. 多变性职业生涯　多变性职业生涯是指由于个人的兴趣、能力、价值观及工作环境的变化而经常发生改变的职业生涯。在这种新型职业生涯管理范式下，个体需要承担职业生涯发展的主体责任。这类职业强调个体的职业路径不受限于单一雇主、行业或地理区域。从业者可能会频繁更换工作角色、雇主甚至行业，以追求更广泛的经验和个人成长。它反映了现代职场的高度流动性和灵活性，是无边界职业生涯的一个典型体现。例如，自由职业设计师可以是平面设计师、网页设计师或是用户体验师等多种角色。这类从业者不受限于某一特定公司或项目，而是根据客户需求提供定制化的设计服务。他们可能会在一个项目结束后立即转向另一个完全不同的项目，或者在同一时间段内同时处理多个客户的订单。自由职业设计师的职业生涯充满了不确定性，但正是这种多变性赋予了他们更多的机会去探索不同的创意和技术，同时也促使他们不断提升自我管理能力和适应市场变化的能力。这种职业形态很好地反映了无边界职业生涯中对个人主动性和多样性的强调。

进一步的研究表明，传统职业生涯与无边界职业生涯并非相互排斥，而是作为职业发展的形态而长期共存，并共同发挥作用。这两种模式并行不悖，将持续地对职业发展和个人选择产生深远影响。

二、未来工作的特点

有学者指出，传统雇员社会正在逐渐消失，个体价值迅速崛起，组织呈现出更高的平台性和开放性。未来，自由职业者将会崛起，企业将转变为由全职员工和自由工作者组成的混合体。

人力资源平台不再仅仅是传统的"人才超市"，它还能够帮助组织重新定义和解读工作任务，从而实现更高效的人力资源配置。对于组织而言，若想打破组织边界，充分利用外部人才，不仅需要优化全职员工和自由工作者的工作组合，还需要优化工作任务本身的设计方式。

未来的工作以专业学习为基础，但同时需要将个人擅长的技能、具有的优势与专业学习有机结合在一起。总的来说，未来的工作具有以下特征。

（一）工作形式多样

多数大学毕业生在求职时倾向于选择全职职位，通常认为全职工作具有较为稳定和持久的性质，以及相应的保障性。雇主亦普遍期望招聘全职员工加入团队。

在全职工作之后，许多人会逐步发展出新技能，并尝试利用工作之外的时间从事兼职工作。一个人甚至可能同时兼任几份工作。兼职工作是近年来增长最快的工作形式之一，这种工作选择在技术和专业领域中也呈现出上升趋势。

除此之外，还存在其他工作形式，例如两人经协商同意共同分担一个全职工作岗位。这种工作安排中，两人各承担一半的工作时间，责任相同，但工作时间不同，类似于换班工作的安排。

合同制工作正成为一种快速扩展的就业模式。为控制成本或维持良好的人员流动性，部分企业选择保留核心团队作为固定员工，而将原本由全职员工承担的其他职责，通过签订合同的方式外包给劳动者完成，并根据合同执行的结果支付报酬。这些以合同形式工作的劳动者不被视为公司内部员工，因此无法享受公司提供的各项福利待遇。

在一些产品开发设计、产品营销或部分服务性工作中，还存在个人以工作室的形式参与企业某个项目的工作模式，这也可以视为广义上的创业。

（二）工作地点不固定

远程办公作为一种新型工作模式，正在迅速发展。它允许员工在远离传统办公室或雇主指定地点的任何地方开展工作。这一模式的普及得益于现代科技的进步，例如，笔记本电脑、移动电话、互联网和电子邮件的广泛应用。便捷的交通与先进的通信技术共同为人们在不同地点高效工作提供了有力支持。以一个典型的工作日为例，员工可能在清晨于北京享用早餐，上午乘坐飞机前往上海与客户会面，下午则在深圳的酒店通过视频会议与全国各地的同事共同探讨客户的最新需求，并规划后续工作安排。在当今的办公环境下，此类工作安排已成为常态。

（三）工作内容易改变

在现代社会激烈的竞争环境下，单位的主营业务可能会随着行业的发展和变迁而发生重大变化。即使用人单位的主营业务保持稳定，工作升迁或岗位轮换等情况也可能会引起工作内容的改变。此外，即使在同一工作岗位上，工作内容在不同行业和地区也存在差异。工作方式和具体内容受所在行业、机构及地理区域等因素的综合影响。

以财会人员为例，其工作方式和内容经历了显著的演变。最初，财会人员主要依靠纸笔和算盘进行账目计算。随着高科技产品的不断问世，电子计算器和电脑的普及极大地提高了账目计算的效率和准确性。例如，企业资源计划 ERP 系统整合了企业内部各个部门的数据流，实现了财务管理的透明化和一体化。云计算服务的出现则进一步推动了远程协作的发展，提升了团队工作的灵活性和效率。

尽管未来职场环境将保持动态变化且变化速度呈加快趋势，但多数职业在现实生活中仍维持相对稳定状态。大学生应认识到，这一不断演变的工作世界为就业市场带来了更多机遇与多样化选择。面对未来职场，大学生需掌握应对工作变化的技能，提前规划职业生涯，作好心理准备，并积极探寻工作世界的多种可能性。一旦我们理解了工作世界的变迁，并明确了应对变化的正确态度与方法，我们就能成为自己职业道路的主导者。

知识拓展

新青年、新机遇、新职业

新职业是《中华人民共和国职业分类大典》未收录的职业。随着技术进步和需求变化，新产业、新业态、新模式不断涌现，我国建立了新职业发布制度以适应变化。2024 年 7 月，我国人社部等部门发布了 19 个新职业（这是自 2019 年以来的第 6 批，共计 93 个新职业），包括生物工程技术人员、口腔卫生技师、网络安全等级保护测评师、云网智能运维员、生成式人工智能系统应用员、工业互联网运维员、智能网联汽车测试员、有色金属现货交易员、用户增长运营师、会展搭建师、文创产品策划运营师、储能电站运维管理员、电能质量管理员、版权经纪人、网络主播、滑雪巡救员、氢基直接还原炼铁工、智能制造系统运维员、智能网联汽车装调运维员。这些新职业的发布有助于创造就业机会、促进就业和创业。

三、AI + 生物医药发展趋势

在 21 世纪科技浪潮中，人工智能与生物医药的交汇点日益显现。它能够以前所未有的方式解析、预测和改善生命健康。从基因编辑到智能诊断，从药物研发到个性化治疗。AI 与生物医药的结合正开启一个全新的智慧医药时代。可以分别从 AI + 医疗器械、AI + 医疗影像、AI + 药物研发三个细分领域，初步了解 AI 技术 + 生物医药产业融合的新趋势。

（一）AI + 医疗器械

AI + 医疗器械是指采用人工智能技术的医疗器械，包括人工智能独立软件和人工智能软件组件等。其在辅助治疗、医学影像处理等领域的应用愈发广泛，已成为未来医疗器械行业发展热点赛道之一。新一代人工智能技术的兴起，为医疗行业实现智能化转型提供了新的思路和手段，也为医疗器械产业发展带来了重大机遇。我国人工智能医疗器械产业发展势头迅猛，人工智能医疗器械产业生态已经基本形成，面向未来，AI + 医疗器械的商业化必将取得突破性进展。

（二）AI + 医疗影像

AI + 医疗影像通过深度学习方式，达到病灶识别与标注、靶区勾画等功能，帮助医生更快发现隐藏病灶，完成诊断治疗工作。当前，全球 AI 医疗正处于快速发展阶段，各国积极推出各项扶持政策，多款 AI 医疗影像设备获批上市，涉及心脏、肿瘤、肺部等多领域，AI 医疗影像正式迎来商业化时代。

（三）AI + 药物研发

AI + 药物研发是将机器学习（machine learning）、自然语言处理（natural language processing）及大数据等人工智能技术应用到药物研发各个环节，进而促进新药研发降本增效。目前主要应用于药物研发阶段的药物发现、临床前阶段，随着生成式 AI 的不断应用，AI 向临床开发阶段的渗透有望持续加快。

四、AI 时代的人机共生

在人工智能技术重塑职业生态的背景下，大学生需构建以人机共生为核心的能力发展框架。面对 AI 带来的职业场景变革，当代大学生应重点培育四大核心能力体系。

首先，建立 AI 思维认知架构。需系统掌握算法逻辑与数据解析方法，在理解机器学习决策机制的基础上，形成人机协作的认知范式。重点培养数据驱动的问题分析能力，既能有效运用 AI 工具提升决策效率，又能准确判断其能力边界，避免技术滥用。

其次，强化跨域整合创新能力。通过构建"技术 + 专业"的复合知识图谱，发展跨学科知识转化与重组能力。在具体实践中，应着重训练人机协同工作流程的设计能力，将 AI 的计算优势与人类的创造性思维相结合，实现传统工作模式的智能化升级，创造倍增效能。

第三，提升人机交互引导能力。需系统掌握自然语言处理、提示工程等技术交互手段，培养精准指令设计与过程控制能力。通过优化问题表述结构、建立质量评估标准，确保 AI 系统的输出符合专业规范与伦理要求，使技术工具真正服务于价值创造。

最后，构建技术批判判断体系。应建立包含真实性验证、风险预测、价值评估的三维判断框架。在信息筛选环节强化溯源分析能力，在方案应用阶段开展场景适用性评估，同时保持对技术伦理问题的持续反思，成为 AI 应用的质量把关者。

这四项能力构成螺旋递进的发展体系，要求大学生既要深化专业素养，又要拓展技术视野，在持续的人机协作实践中实现能力迭代。职业规划过程中，需结合行业智能化趋势，制订差异化的能力发展路径，最终成长为具备 AI 时代核心竞争力的复合型人才。

第四节　寻找职业机遇

一、新质生产力中的职业机遇

（一）新质生产力内涵

2023年9月，"新质生产力"这一概念被提出。同年12月，中央经济工作会议提出要以科技创新推动产业创新，发展新质生产力。由此开始，新质生产力开始进入大众视野。"生产力"是人类在生产实践中形成的改造和征服自然使其适合社会发展的综合作用力，是人类社会存在、发展的基础及推动历史前进的决定力量。用"新质"来描述生产力，突出体现了在生产力的发展过程中，现代科技、自然与人的高品质协同，推动现代生产关系的重构、重塑与持续创变。

新质生产力作为数字时代更有融合性、体现新内涵的生产力，具有摆脱传统增长路径、符合我国高质量发展内涵和要求的特征。近年来，新一代数字、制造、新材料、新能源、生物等技术产业呈现快速密集突破趋势，人工智能、物联网、大数据、区块链等构成的新技术体系正成为推动新一轮生产力变革的核心动力引擎。面向前沿领域及早布局，提前谋划变革性技术，夯实未来发展的技术基础，形成并发展新质生产力，实现传统生产力向新质生产力的过渡转化，是我国重要的战略机遇。

新质生产力与"新兴产业""未来产业"相互关联，是指面向未来社会发展的高水平的现代化生产力，即新类型、新结构、高技术水平、高质量、高效率、可持续的生产力。新质生产力以持续创变的技术思维为活动源，突破点在"新"，锚点在"质"，落脚点在"生产力"，有面向新兴领域、面向未来产业、着力高质量发展的特点。"新"在于新理念、新业态、新技术、新体系，是超越传统、变革旧式、面向未来的崭新设计，以实现自立自强的关键性颠覆性技术突破为龙头的生产力跃升。"质"在于在量变的基础上开辟一条高质量、高水平、高效率、可持续的发展模式，巩固和延续量变的成果，结束以旧质为基础的量变，推进协调、绿色、开放和共享的中国式现代化道路。"生产力"在于科学技术、创新驱动和人才资源三位一体的新型、先进的发展生态。总之，新质生产力由"高素质"劳动者、"新介质"劳动资料、"新料质"劳动对象构成，以科技创新为内核，以战略性新兴产业和未来产业为阵地，以高质量发展为旨归，是数字时代更具融合性、体现新内涵的生产力。

（二）新质生产力中蕴含的药学类职业机遇

2024年《政府工作报告》提出，大力推进现代化产业体系建设，加快发展新质生产力。加快前沿新兴氢能、新材料、创新药等产业发展，积极打造生物制造、商业航天、低空经济等新增长引擎。制订未来产业发展规划，开辟量子技术、生命科学等新赛道。开展"人工智能＋"行动。这为药学类专业大学生的职业发展提供了新机遇。

1. 创新药　政府工作报告中提到"加快前沿新兴氢能、新材料、创新药等产业发展"，这意味着创新药物的研发和生产将成为国家支持的重点领域，为药学类专业学生提供了广阔的职业发展空间。

2. 生物制造　报告中提及"积极打造生物制造等新增长引擎"，生物制造作为新兴产业，需要药学、生物工程等专业背景的人才，为相关专业学生提供了新的职业机会。

3. 生命科学　在开辟的新赛道中，生命科学被特别强调，这为药学类专业学生在生命科学领域的研究和应用提供了新的职业路径。

4. 人工智能＋医药　开展"人工智能＋"行动，意味着医药行业与人工智能技术深度融合，为药学类专业学生在智能医疗、药物研发信息化等领域提供了新的职业机遇。

二、战略性新兴产业中的职业机遇

(一) 战略性新兴产业的内涵

在《中华人民共和国国民经济和社会发展第十四个五年规划和2035年远景目标纲要》(以下简称"十四五"规划)中,战略性新兴产业包括新一代信息技术、生物技术、新能源、新材料、高端装备、新能源汽车、绿色环保以及航空航天、海洋装备等;未来产业,包括类脑智能、量子信息、基因技术、未来网络、深海空天开发、氢能与储能等。新时代,我国高度重视战略性新兴产业的培育。战略性新兴产业、未来产业都具有创新活跃、技术密集、发展前景广阔等特点,关乎国民经济、社会发展及产业结构优化升级全局。

(二) 战略性新兴产业中蕴含的药学类职业机遇

战略性新兴产业和未来产业中蕴含着大量的就业机遇。这些机遇体现在以下几个方面。

1. 生物技术领域 生物技术产业的快速发展为药学类专业学生提供了广阔的就业前景。根据中国生物技术发展中心的数据,生物技术产业已成为国家战略性新兴产业的重要组成部分,对专业人才的需求持续增长。药学类专业毕业生可以在生物制药、基因编辑、生物诊断等领域从事研究与开发工作,或在相关企业担任生物技术研究员、质量控制专家等职位。

2. 医药制造领域 随着国家对医药产业的重视,特别是创新药物研发的投入增加,药学类专业毕业生在医药制造业的就业机会不断增多。根据国家统计局的数据,医药制造业连续多年保持较快增长,对药学专业人才的需求旺盛。毕业生可以在制药企业、研究所等机构从事药物研发、制剂设计、药品注册等工作。

3. 健康服务与管理领域 随着健康中国战略的实施,健康管理和服务领域对药学专业人才的需求日益增加。根据国家卫生健康委员会的报告,健康服务业已成为推动我国经济发展的新动力,药学类专业毕业生可以在医院、健康管理机构、药品监管机构等从事药事管理、临床药学服务等工作。

4. 跨学科研究领域 药学类专业学生在跨学科研究领域也具有独特的优势。例如,在脑科学与类脑研究领域,药学类专业学生可以参与神经药理学、认知神经科学等交叉学科的研究工作。根据中国科学院脑科学与智能技术卓越创新中心的资料,这类研究领域对具有药学背景的研究人员需求较大。

5. 数字健康领域 数字经济的发展为药学类专业学生提供了新的就业方向。根据中国信息通信研究院的报告,数字健康已成为数字经济的重要组成部分,药学类专业毕业生可以在数字医疗平台、健康数据分析、智能医疗设备研发等领域发挥专业优势。

综上所述,战略性新兴产业和未来产业的发展为药学类专业毕业生提供了丰富的职业机遇。大学生应积极关注行业动态,提升专业技能,以适应不断变化的就业市场。

三、国家发展战略中的职业机遇

(一) 国家发展战略的内涵

1. 国家产业发展战略 社会的政治、经济、文化与技术发展趋势和进程虽对个人发展产生影响,但同时也需要通过个体的努力与突破来实现。只有深刻认识到社会发展与个人发展的辩证统一关系,我们才能更加清晰地意识到始终与国家和社会发展保持同向同行的重要性,以及树立为国家振兴和民族复兴作出贡献这一目标的深远意义。国家和社会的持续发展需要个体贡献知识与才能,而国家的发展战略、政策和趋势也为个体的职业发展提供了广阔机遇。作为大学生,深入了解国家的重点发展战略,才能更加科学理性地做出个人发展决策。

（1）国家战略性科学计划和科学工程　"十四五"规划中指出："在事关国家安全和发展全局的基础核心领域，制定实施战略性科学计划和科学工程。瞄准人工智能、量子信息、集成电路、生命健康、脑科学、生物育种、空天科技、深地深海等前沿领域，实施一批具有前瞻性、战略性的国家重大科技项目。从国家急迫需要和长远需求出发，集中优势资源攻关新发突发传染病和生物安全风险防控、医药和医疗设备、关键元器件零部件和基础材料、油气勘探开发等领域关键核心技术。"国家战略性科学计划和科学工程是健全社会主义市场经济条件下新型举国体制和实现科技自立自强的重要举措。

对大学生而言，了解国家战略性科学计划和科学工程的方向与内容，可以帮助我们更好地结合专业尽早明确学习和研究重点，规划项目实践和实习方向。

（2）制造强国　制造业是国家经济命脉所系，是立国之本、强国之基。在全球范围内，无论是从历史维度还是现实视角来看，每一个强国都拥有强大的制造业体系。一旦制造业出现空心化现象，将极易引发贸易逆差、贫富悬殊、就业形势不稳定等一系列问题。制造强国战略是我国"十四五"规划中的重要内容之一。在提升制造业核心竞争力方面，规划明确了 8 个方向，分别是高端新材料、重大技术装备、智能制造与机器人技术、航空发动机及燃气轮机、北斗产业化应用、新能源汽车和智能（网联）汽车、高端医疗装备和创新药、农业机械装备。

（3）服务业强国　在我国，通常将服务业分为生产性服务业和生活性服务业。其中，生产性服务业是指为生产活动提供保障服务的行业，实质是生产活动上下游的延伸，包括专业服务、信息和中介服务、金融保险服务以及与贸易相关的服务。生活性服务业是指满足居民最终消费需求的服务活动。

随着服务业占我国 GDP 的比重逐年上升，生产性服务对制造业的支撑作用逐步凸显，生活性服务业的发展则极大提升了人民群众的获得感、幸福感。国家层面，在"十四五"规划中明确指出要促进服务业繁荣发展，推动生产性服务业融合化发展，推动生产性服务业向专业化和价值链高端延伸，同时要加快生活性服务业品质化发展。在地方层面，各省需根据自身实际情况，出台相关政策支持服务业的发展。我国生活性服务业数字化、信息化、智能化步伐加快，与互联网、物联网、大数据等融合不断深化。生产性服务业远程化、自动化和智能化进程正在加速，由此可见，未来服务业领域会纵向深入发展，就业前景更加广阔。

（4）数字中国　自 2017 年数字中国的概念被首次提出，到 2021 年的"十四五"规划，数字中国的概念范畴进一步扩大，信息化、数字化、"互联网＋"、大数据、云计算等均属于数字中国的范畴。

在"十四五"规划中，数字中国战略主要由数字经济、数字社会、数字政府以及数字生态四个部分组成。数字经济包含三个方面的内涵：一是加强关键数字技术创新应用，即要解决在芯片、操作系统等关键领域的"卡脖子"问题；二是数字产业化，即要发展大数据、区块链、云计算、网络安全等新兴数字产业；三是产业数字化，即要加快企业的数字化转型，提高企业生产力。数字社会是与人们日常生活关系最为密切的领域，其建设涵盖在线课堂、智慧城市、数字家庭等多个方面。数字政府则是将数字技术应用于政府管理服务中，例如通过 App、小程序等预约办理业务，提升政务服务的便捷性和效率。数字生态建设旨在加强数字生态的监督管理，营造良好的数字发展生态，着力解决互联网平台垄断、个人隐私泄露等问题。

2. 社会发展重大战略

（1）乡村振兴　乡村振兴战略是党的十九大提出的一项重大战略，是新时代"三农"工作的总抓手，"十四五"规划第七篇围绕"坚持农业农村优先发展，全面推进乡村振兴"进行了全方位部署，围绕多个领域对未来我国的乡村建设进行了全面布局。在乡村振兴战略中，人才引进是最关键的一步。为了引导更多人才走进乡村，中共中央办公厅、国务院办公厅在 2021 年印发了《关于加快推进乡村人才振兴的意见》，要求加快培养农业生产经营人才、农村二三产业发展人才、乡村公共服务人才、乡村治理人才和农业农村科技人才。

（2）优秀传统文化传承发展工程　中宣部印发的《中华优秀传统文化传承发展工程"十四五"重点项目规划》中描绘了未来五年文化传承与发展的蓝图，其中明确提出要深入实施中华优秀传统文化传承发展工程，健全现代文化产业体系和市场体系。传承与弘扬优秀传统文化中包含了文物和古籍保护、自然文化和非物质文化遗产保护、中华优秀传统文化创造性转化、创新性发展等命题，而健全现代文化产业体系则涵盖了文化产业数字化、文化品牌塑造及文旅融合等新时代方向。

（3）重要生态系统保护和环境保护工程　近年来，交通、发电等众多领域开始广泛利用新能源替代传统的石油、煤炭等化石能源，这表明生态系统与环境保护已逐渐成为我国发展的重要方向。我国明确了将力争在2030年前实现"碳达峰"，2060年前实现"碳中和"的发展目标。步入"十四五"阶段，我国正式进入生态系统与环境保护的关键期和窗口期，化工、钢铁、电力、汽车、环保等诸多行业均已制订出"碳达峰"和"碳中和"计划与路线图，主动适应经济绿色低碳转型的新要求。新能源的应用已遍布生活的方方面面，生态环保系统与环境保护领域前景广阔。

（4）健康中国　在健康领域，一方面，传染病的传播凸显了公共卫生体系、医疗资源以及医药产业发展的紧迫性和重要性；另一方面，现代社会生活节奏的加快促使人们更加关注自身的健康问题。此外，随着生育率的下降和人均寿命的延长，人口老龄化问题日益凸显，未来"一老一小"将成为民生领域重点关注的人群。

"十四五"规划中将健康中国提到了战略层面，未来国家将继续完善公共卫生体系，发展高端医疗设备，提升医护人员质量与规模，促进新药研发保护和产业发展，推动全民健身，发展养老产业、完善养老服务，发展多样化的托育服务，全面建设健康中国。

除了医学、卫生、体育等传统行业的就业渠道，智慧医疗与智慧养老等新概念也值得关注。以"互联网＋养老服务"的智慧养老为例，其主要通过提供一个信息服务平台，将线上与线下相融合，依据"按需选人"的模式，使客户能够自主选择合适的生活照料服务人员。这种模式不仅节约了客户与家政公司的沟通成本，还最大化节省了双方的资源与时间。

3. 我国区域发展规划　我国是人口大国，幅员辽阔，然而东西差异、南北发展不平衡等问题较为突出。因此，国家在十六届三中全会提出了区域协调发展战略，并先后制定实施了西部大开发、中部地区崛起等战略，并在"十三五"时期提出深入实施区域发展总体战略，通过市场化要素的改革、融合和创新，打造国内经济发展的新动能，促进区域间协调发展。"十四五"规划中也提出要建立健全区域战略统筹、市场一体化发展、区域合作互助、区际利益补偿等机制，更好促进发达地区和欠发达地区、东中西部和东北地区共同发展。了解区域发展战略，对于大学生就业区域选择具有重要指导作用。

（1）京津冀协同发展　京津冀三地作为一个整体协同发展，要以疏解非首都核心功能、解决北京"大城市病"为基本出发点，调整优化城市布局和空间结构，构建现代化交通网络系统，扩大环境容量生态空间，推进产业升级转移，推动公共服务共建共享，加快市场一体化进程，打造现代化新型首都圈，努力形成京津冀目标同向、措施一体、优势互补、互利共赢的协同发展新格局。

（2）长江经济带发展　长江经济带覆盖九省二市，横跨我国东、中、西三大板块，所辖人口和地区经济总量均超过全国的40%，是我国经济的活力和潜力所在。2016年9月，中共中央政治局审议通过的《长江经济带发展规划纲要》正式印发，确立了长江经济带"一轴、两翼、三极、多点"的发展新格局："一轴"是以长江黄金水道为依托，发挥上海、武汉、重庆的核心作用，推动经济由沿海溯江而上梯度发展；"两翼"分别指沪瑞和沪蓉南北两大运输通道，这是长江经济带的发展基础；"三极"

指的是长江三角洲城市群、长江中游城市群和成渝城市群，充分发挥中心城市的辐射作用，打造长江经济带的三大增长极；"多点"是指发挥三大城市群以外地级城市的支撑作用。

（3）粤港澳大湾区建设　按照中共中央、国务院印发的《粤港澳大湾区发展规划纲要》，粤港澳大湾区不仅要建成充满活力的世界级城市群、国际科技创新中心、"一带一路"建设的重要支撑、内地与港澳深度合作示范区，还要打造宜居宜业宜游的优质生活圈，使其成为高质量发展的典范。粤港澳大湾区本身具有显著的区位优势，雄厚的经济实力，众多的创新要素，领先的国际化水平，良好的合作基础，随着合作的不断深化实化，粤港澳大湾区综合实力显著增强。同时，新一轮科技革命和产业变革蓄势待发，"一带一路"建设深入推进，为提升粤港澳大湾区国际竞争力，更高水平参与国际合作和竞争拓展了新空间。

（4）西部大开发与东北振兴　西部大开发战略于1999年9月在中共十五届四中全会上提出，涉及12个省、自治区、直辖市，其目的是"把东部沿海地区的剩余经济发展能力，用以提高西部地区的经济和社会发展水平、巩固国防"。东北振兴战略是指针对东北地区经济的振兴计划，该计划包括国家的实际拨款资金援助，以及相对应的优惠政策。实行该计划的东北地区省份包括黑龙江、吉林、辽宁三省和内蒙古自治区东部地区。在"十四五"规划中提出，国家深入实施区域协调发展战略，深入推进西部大开发形成新格局，深入推动东北振兴取得新突破。

（5）中部地区崛起　中部地区占全国陆地国土总面积的10.7%，在全国区域发展格局中具有举足轻重的战略地位。中部地区崛起战略是指促进中国中部经济区共同崛起的一项中共中央政策，包含了中部崛起发展速度、居民生活水平、缩小中部与东部发展差距、和谐社会、区域经济一体化和融入经济全球化这几个方面的含义。"十四五"规划也进一步强调要开创中部地区崛起新局面。

（二）国家发展战略中蕴含的药学类职业机遇

在国家发展战略的框架下，药学类职业机遇呈现出多样化的特点。这些机遇不仅体现在国家产业发展战略中，还广泛存在于社会发展重大战略和区域发展规划之中。以下是针对药学类职业的具体机遇分析。

1. 国家产业发展战略中的药学类职业机遇

（1）国家战略性科学计划和科学工程　"十四五"规划强调了在生命健康、脑科学等前沿领域实施一批具有前瞻性、战略性的国家重大科技项目。对于药学类专业而言，这意味着参与国家级科研项目的可能性增加，尤其是在新发突发传染病防控、医药和医疗设备研发等领域。大学生可以通过参与这类项目获得宝贵的实践经验，并为未来的职业生涯打下坚实的基础。

（2）制造强国　制造强国战略特别提到了高端医疗装备和创新药作为制造业核心竞争力提升的方向之一。这意味着药学领域的技术创新将得到高度重视和支持。例如，在药物合成、制剂工艺改进等方面的专业人才需求将持续增长；同时，随着智能制造技术的应用，自动化生产和质量控制也将成为新的研究热点。

（3）服务业强国　一方面，随着人们生活水平提高以及对健康的重视程度加深，个性化医疗服务需求不断增长；另一方面，"十四五"规划提出要加快生活性服务业品质化发展，这意味着包括药房在内的医疗机构服务质量将进一步优化，从而增加了对高素质药剂师的需求。

（4）数字中国　数字中国战略推动了智慧医疗与智慧养老等新兴服务模式的发展。药学类专业人士可以参与到电子处方系统、远程诊疗平台建设等工作中，利用信息技术改善患者用药体验并提高工作效率。此外，"互联网＋医疗健康"的融合发展也为在线药品销售及相关咨询服务创造了更多机会。

2. 社会发展重大战略中的药学类职业机遇

（1）乡村振兴 乡村振兴战略鼓励更多的人才投身农村医疗卫生事业。对于愿意扎根基层的药学类毕业生来说，这里存在着广阔的舞台。他们可以在乡镇卫生院或村医诊所提供基本医疗服务，帮助解决偏远地区居民看病难的问题。同时，随着乡村旅游业的发展，特色药材种植基地也可能成为吸引投资的新方向，进而带动相关产业链条上的就业机会增多。

（2）优秀传统文化传承发展工程 该工程旨在深入实施中华优秀传统文化传承发展，其中包括中医药文化的保护与发展。这对于擅长传统中药炮制技艺或者有兴趣从事中医典籍整理工作的药学人士而言是非常有利的。此外，文化创意产业如博物馆文创产品的开发也为跨学科背景下的药学类人才提供了施展才华的空间。

（3）重要生态系统保护和环境保护工程 面对日益严峻的环境问题，"碳达峰""碳中和"目标的提出促使各行各业加快绿色转型步伐。制药企业也不例外，他们需要遵守更加严格的环保标准，在生产过程中减少污染物排放。因此，掌握清洁生产工艺、废弃物处理技术和可持续发展理念的药学类工作者将成为企业的宝贵财富。

（4）健康中国 健康中国战略明确指出要完善公共卫生体系，促进新药研发保护和发展，这无疑为药学领域带来了前所未有的重大机遇。从基础研究、临床试验、产品上市及市场推广，每一个环节都需要大量专业人员的共同努力。例如，在罕见病治疗药物研发领域中，可以获得政府更多的政策支持和资金投入。

3. 区域发展规划中的药学类职业机遇

（1）京津冀协同发展 京津冀协同发展要求构建现代化新型首都圈，推进区域内医疗资源的共建共享。这将促进三地之间开展更为频繁的合作交流活动，例如联合举办学术会议、开展科研合作等。对于有意向在北京及其周边城市发展的药学类毕业生而言，这样的环境有利于积累技术经验并拓展人脉资源。

（2）长江经济带发展 长江经济带发展规划纲要确立了"一轴、两翼、三极、多点"的发展格局。在这个背景下，沿江省份可以充分发挥各自优势，共同推进生物医药产业集群式发展。例如，上海作为国际科技创新中心之一，拥有众多顶尖高校和科研院所，是理想的创新创业基地；而武汉则凭借其雄厚的工业基础，在生物制药方面具备独特竞争力。

（3）粤港澳大湾区建设 粤港澳大湾区不仅是我国对外开放的重要窗口，也是科技创新高地。在这里，深港两地紧密合作，形成了完整的生物医药产业链条。香港科学园专注于人工智能、生物医药等前沿领域，广州汇聚了多家国家重点实验室，深圳则是高新技术企业的聚集地。对于有志于国际化发展的药学类人才而言，这是一个极具潜力的发展平台。

（4）西部大开发与东北振兴 西部大开发强调要把东部沿海地区的剩余经济发展能力转移到西部地区，以促进当地经济社会全面发展。这为药学类专业带来了新的挑战和机遇，比如在少数民族聚居区推广民族医药文化，或是参与边疆地区医疗卫生设施建设。东北振兴战略，则着眼于恢复老工业基地活力，其中也包含了对医药健康产业的支持政策。

（5）中部地区崛起 中部地区崛起战略致力于缩小与东部发达地区的差距，实现均衡协调发展。在此过程中，地方政府往往会出台一系列优惠政策来吸引企业和人才入驻。对于药学类专业而言，这意味着更低的生活成本、更大的发展空间以及更加宽松的竞争环境。

综上所述，无论是在国家层面还是地方层面的战略布局中，均为药学类职业提供了前所未有的发展机遇。

行动体验

职业认知访谈

活动目标

通过实际的访谈经验，更深入地了解所学专业，从学长学姐的亲身经历中获取宝贵的学习、生活和职业发展建议。

活动说明

以小组的形式，3～5人为一个小组，每个小组访谈一位本专业的学长学姐。提前与被访谈者约定时间，按时进行访谈，访谈结束后，每个小组整理出一份1000字左右的访谈报告。

访谈参考提纲如下。

1. 你是如何决定选择这个专业的？有什么特别吸引你的地方吗？

2. 有哪些课程或活动是你觉得特别有趣的？你推荐选修哪些课程？

3. 学校提供了哪些资源帮助你更好地学习这个专业？例如，学术讲座、科创训练或专业导师指导。

4. 你是否参加了与专业相关的社团或课外活动？这些经历对你的专业学习有帮助吗？

5. 刚进入大学时，你最不适应的是什么？你是如何克服的？

6. 在所有课程中，哪一门课程让你觉得最具挑战性，你从中收获了哪些体验？

7. 你有参与实习或项目的经验吗？这些经验对专业能力提升有何帮助？

8. 你是否建议学习第二专业？建议学习哪个专业为第二专业？

9. 你认为未来几年内，这个专业领域会有怎样的发展趋势？

10. 对于低年级学生，你有什么关于学习方法、时间管理或职业准备方面的建议？

注意要点

1. 在安排访谈时，请提前沟通好具体的时间和方式，确保双方都有足够的时间准备。

2. 访谈过程中要注重礼仪，保持良好的沟通态度，让受访者感受到你的诚意。

3. 整理报告时，应尽量客观公正地反映受访者的观点，同时结合自己的理解和感受，撰写出既有深度又有个人特色的报告。

4. 报告中还应包含具体案例或者数据支持，使报告更加生动具体，具有说服力。

书网融合……

| 微课 | 习题 | 本章小结 |

第三章　了解个人特质

学习目标

1. 通过本章学习，掌握大五人格理论和海蒂兴趣发展四阶段理论，发现职业兴趣的方法；熟悉施恩的职业锚理论；了解性格的特征及对职业的影响，兴趣与职业兴趣的关系及兴趣金字塔的三个层次。

2. 具有通过大五人格理论，发现自己性格特征的能力；具有通过自我探索发现职业兴趣，并利用 SCCT 模型培养职业兴趣的能力。

3. 树立科学的职业价值观，理解职业是实现个人价值和社会贡献的重要途径。

第一节　性　格

一、性格的含义

性格，在心理学上是指一个人在先天生理素质的基础上，在社会实践活动和不同环境的熏陶下逐渐形成的比较稳定的心理特征，也称为人格特质，是一个人在生活中对他人、对事、对自己、对外在环境所表现出来的一致性适应方式。

每个人在其成长经历中，可能受到生理、遗传、家庭教养、文化、学习经验等因素的交互作用，从而形成自己的独特个性，在不同的环境中表现出的特定气质，比如"活泼""沉静""内向"还是"外向"。播下一个行动，收获一种习惯；播下一种习惯，收获一种性格；播下一种性格，收获一种命运。性格与个人的成长发展密切相关。因此，了解自身的性格特点，选择与之相适应的环境和职业，能够帮助我们做出符合自身情况的职业选择。这种最佳匹配有助于我们成为高效的工作者。

二、性格对职业的影响

（一）性格特征与职业要求高度相关

每一种职业对从业者的性格品质都有特定的要求，要适应某一职业就必须具备该职业所要求的性格特征。例如，作为一名教师，除了具备丰富的知识外，还应具备热爱教育事业、认真负责、乐于奉献、富有爱心以及以身作则等良好品质；作为一名医生，除了具备扎实的理论知识和精湛的临床技能外，还应具备救死扶伤的人本主义品质，对患者富有同情心和责任感，以及缜密严谨、兢兢业业的工作作风和热心耐心的工作态度。

（二）性格影响个体对职业的适应

由于不同职业对任职者的要求各异，个体的性格在职业适应过程中可能会逐渐发生一定程度的同化或改变。然而，这种改变通常仅限于形式层面，性格中的核心品质往往难以发生根本性变化。即便职业性格与职业要求不完全匹配，性格也能调动个体的其他因素，积极适应工作环境，从而使不同性格类型的人在同一职业领域中均能表现出色。在工作层面，性格并无绝对的好坏之分，关键在于是否适合特定的职业环境。

　　每一种性格都具有独特的品质和潜在的盲点。重要的是个体能够正确认识并接纳自己的性格特征。只有深入了解自身的性格特点，并选择与之相匹配的工作环境，才能科学合理地设计职业发展路径，制订最佳的职业生涯规划，从而最大限度地发挥自身潜能，实现职业生涯与事业发展的成功。

三、大五人格理论

　　在职业心理学领域，性格对职业适应性具有显著影响。特定的性格类型通常更适合从事某些职业，而不同职业对从业者的性格特征也有不同的要求。心理学作为一门不断发展成熟的学科，众多流派和心理学家都对性格进行了深入研究。近年来，许多性格测评工具均以20世纪80年代末兴起的"大五人格理论"为基础。

　　心理学家通过词汇学方法发现，大约有五种特质可以涵盖人格描述的所有方面。称其为"人格心理学中的一场革命"。这五个因素被命名为"大五"（big five），并由此提出了人格的"大五模型"。这五个维度的首字母缩写可以拼成"OCEAN"一词，因此"大五人格"也被称为"人格的海洋"，具体见表3-1。

表3-1　"大五人格"分类表

人格类型	性格特点
开放性 openness	开放性描述的是一个人的认知风格 开放性得分高的人富有想象力、创造力、好奇、欣赏艺术以及对美的事物比较敏感。开放性的人偏爱抽象思维、兴趣广泛 开放性得分低（即封闭性）的人讲求实际，喜欢固定的生活或工作程序，偏爱常规，比较传统和保守
尽责性 conscientiousness	尽责性指我们控制、管理和调节自身冲动的方式 高尽责性的人容易避免麻烦，能够获得更大的成功。人们一般认为高尽责的人更加聪明和可靠，但是高尽责的人可能是一个完美主义者或者是一个工作狂。极端尽责的个体让人觉得单调、乏味、缺少生气 低尽责性的个体常被认为是快乐的、有趣的、很好的玩伴。但是冲动的行为常常会给自己带来麻烦，虽然会给个体带来暂时的满足，但却容易产生长期的不良后果。低尽责性的个体一般不会获得很大的成就
外倾性 extroversion	外倾性代表了在外界投入的能量 高外倾性的人喜欢与人接触，充满活力，经常感受到积极的情绪。他们热情，喜欢运动和刺激冒险。在一个群体当中，他们非常健谈、自信，喜欢引起别人的注意 低外倾性的人比较安静、谨慎，不喜欢与外界有过多接触。需要注意的是，他们不喜欢与人接触不能被解释为害羞或者抑郁，这仅仅是因为比起高外倾性的人，他们不需要那么多的刺激，因此喜欢一个人独处
宜人性 agreeableness	宜人性代表了"爱"，指对合作和人际和谐是否看重 宜人性高的人是善解人意的、友好的、慷慨大方的、乐于助人的，甚至愿意为了别人放弃自己的利益。宜人性高的人对人性持乐观的态度，相信人性本善 宜人性低的人则把自己的利益放在他人利益之上。本质上，他们不关心别人的利益，因此也不乐意去帮助他人。有时候，他们对别人是非常多疑的，怀疑别人的动机
神经质性 neuroticism	神经质指个体体验消极情绪的倾向 神经质维度得分高的人更容易体验到诸如愤怒、焦虑、抑郁等消极的情绪。他们对外界刺激反应比一般人强烈，对情绪的调节能力比较差，经常处于一种不良的情绪状态下。并且这些人的思维、决策，以及有效应对外部压力的能力比较差 神经质维度得分低的人较少烦恼和情绪化，比较平静，但这并不表明他们经常会有积极的情绪体验，积极情绪体验的频繁程度是外向性的主要特征

　　"大五人格"理论作为一套人格分类学理论，具有很高的应用价值。研究显示，"大五人格"测试中的尽责性和神经质性可以稳定地预测绝大多数岗位人员的工作业绩；而外倾性和宜人性则对以人际交往为主的工作（如销售）非常重要。研究还表明，个性特质能够预测工作表现和业绩结果、工作满意度、领导有效性以及其他重要的工作行为和态度。因此，人力资源部门常以大五人格理论为基础开发量

表对员工进行评估、选拔和培养。

第二节　兴趣与职业兴趣

一、从兴趣到志趣

（一）理解兴趣

1. 兴趣的定义　在《中国心理大辞典》对"兴趣"的定义为：兴趣是指个体以特定的事物、活动或人为对象，所产生的积极的、带有倾向性与选择性的态度及情绪。它体现了人们为追求乐趣或享受而主动参与某项活动的心理倾向。

兴趣反映了个体对于不同人、事、物的偏好，具有独特的个体性。兴趣源于个体在参与特定活动时所体验到的深刻情感满足。例如，一个对舞蹈充满热情的人会主动寻找跳舞的机会，尽管跳舞过程可能充满艰辛，但舞者对此并不在意。因为舞蹈带来的身心愉悦和满足感，使得舞者展现出积极主动且自愿的行为模式。这种行为模式体现了兴趣的深度和持久性。

兴趣是一种稳定的心理倾向，与个人的认知、情感等因素密切相关。若个体对某一事物缺乏了解，则难以对其产生情感共鸣，进而无法形成兴趣。反之，随着对某一事物理解的不断深入，个体与该事物之间的情感联系将愈发紧密，兴趣亦随之增强。

2. 兴趣与爱好、喜欢的区别　正如上述舞者的例子所示，兴趣是一种深刻的情感体验，能够持续激励个体参与特定活动。即使在面对困难和挑战时，个体也不会轻易放弃，展现出积极主动且自愿的行为模式。而爱好通常指个体对某项活动的短暂投入，可能因兴趣而起，但不一定具有持久性。爱好可能在遇到困难时被轻易放弃。喜欢则是一种较为浅层次的情感体验，通常指对某人或某事的积极态度。喜欢可能是一时的偏好，不一定能转化为持久的行为模式。

3. 兴趣与幸福　兴趣是生活幸福的重要源泉。只有投身于自己真正热爱的事业，才能获得真正的快乐和满足。有学者通过 30 多年的研究，采访了各行各业的人士，深入探究了真正带给人们快乐和满足感的因素。他发现，当人们全身心投入某项活动，甚至达到忘我境界时，感到最为愉快和满足。例如，在绘画、演讲、阅读、攀岩、跳舞、修理、运动竞技等活动过程中，人们往往能够达到这种状态。这种状态被称为"心流"，因为处于这种状态的人们的体验似乎是在某种能量驱使下，一切都顺其自然地发生了。在这种状态下，人们不会担心他们的行为会带来怎样的结果，他们只是让自己参与其中，享受活动本身，沉浸其中的体验感使当事人放下了过程之外的所有担心与顾虑。此外，这些活动往往在某种程度上挑战了人们的体力或智力，促使人们充分利用他们的潜力，并获得超越自我的高峰体验。这说明让人们产生满足感和幸福感的并不是简单的娱乐或放松，而是一种能产生心流感的高峰体验。当人们从事这样的事情时，正是他们的兴趣所在。

（二）兴趣金字塔模型

根据个人的关注度和倾向性不同，兴趣可以分为兴趣、乐趣、志趣三个层级（图 3-1）。兴趣是指对某一活动或事物产生积极的情感倾向，表现为强烈的参与欲望和行动冲动。简单来说，兴趣是喜欢去做并且比较容易做到的事。乐趣则是在兴趣的基础上，进一步表现为乐意去做，并且能够做好的事情。与兴趣不同的是，乐趣不仅包含喜欢做的成分，还强调能够做好。志趣则是在乐趣的基础上，进一步表现为不仅喜欢去做，还能做得好，并在做的过程中产生强烈的成就感，从而激励个体为之努力和奋斗，甚至将其发展为一项长期的事业。

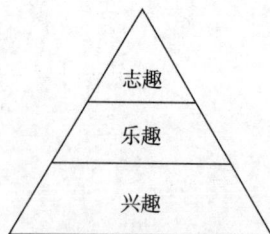

图 3-1 兴趣金字塔模型

以戏曲为例，不同层级的兴趣表现为戏曲爱好者通常停留在兴趣的初级阶段，表现为对戏曲的欣赏和喜爱，如喜欢听、喜欢唱。这一阶段的兴趣主要由感官刺激引发，如视觉、听觉等，维持时间较短，属于兴趣发展的低级阶段；票友则发展到兴趣的中级阶段，开始主动学习和研究戏曲。这一阶段的乐趣不仅源于对戏曲的欣赏，还在于通过学习和实践获得的成就感和满足感。票友通过持续的参与和学习，将兴趣转化为更持久的乐趣；戏剧家则达到了兴趣的高级阶段，即志趣。这一阶段的兴趣不仅源于对戏曲的热爱，还与个人的理想和奋斗目标紧密结合。戏剧家将戏曲作为一种事业，为之投入大量的时间和精力，追求卓越，展现出高度的持续性和专业性。

二、海蒂兴趣发展四阶段

教育心理学领域的知名学者海蒂（Hidi）等人提出，兴趣的发展过程通常经历四个阶段，分别为触发的情境兴趣、维持的情境兴趣、初始的个人兴趣以及成熟的个人兴趣，见表 3-2。

表 3-2 海蒂兴趣发展四阶段

发展阶段	含义及特点
触发的情境兴趣	指在情感和认知方面出现的短暂变化，通常由外部条件引发，也可因先前经验而产生，并促使个体投入相关的内容或活动
维持的情境兴趣	指当兴趣被触发后其注意力和持续关注的时间得到延长，并且相关的内容或活动体验会再次发生，例如，学校里合作学习的任务、教师对学生的一对一辅导都可以帮助维持其情境兴趣
初始的个人兴趣	当发展到形成个人兴趣的阶段时，人们会有反复参与相关活动的情况，并伴有一定程度的知识储备，已体验到价值感和积极的情绪。在这个阶段中，学生还会根据自己感兴趣的内容提出"好奇"的问题，开始学会独立思考，想要去寻找答案
成熟的个人兴趣	成熟的个人兴趣会使一个人在自己感兴趣的领域有更多的知识储备，保持长期的具有建设性和创造性的努力，会自愿且独立地投身于更多的探索活动中，即使面对挫折和失败也能够积极应对

在兴趣发展的四个阶段中，最高级的发展阶段通常被视为个体对某一专业或领域形成成熟且稳定的个人兴趣时的表现。这种兴趣能够持续较长时间，不易因时间推移而改变。兴趣发展的四个阶段有助于人们更深入地理解何为真正的兴趣。

通常情况下，当个体处于触发的情境兴趣和维持的情境兴趣阶段时，兴趣往往表现出不稳定性，容易发生变化。这一阶段的兴趣需要更多的外部条件支持和维系，以推动兴趣发展进入下一阶段。相对而言，当兴趣发展到初始的个人兴趣和成熟的个人兴趣阶段时，兴趣则更为持久和稳定，能够为个体未来的兴趣学习提供持续的动力。

在探讨兴趣的本质时，其核心特征在于吸引力与持久性。单纯的"喜欢"或"好奇"尚不足以构成"兴趣"。只有当个体能够承受挫折与困难，展现出锲而不舍的精神时，这种兴趣才可被视为"真兴趣"。许多所谓的"感兴趣"实际上可能是"伪兴趣"。真正的兴趣表现为一种深刻的内在驱动力，即使个体清楚地认识到某项活动可能伴随着诸多挑战与艰辛，他们依然感到强烈的吸引力，并且愿意持续投入，即便面对困难也不轻易放弃。

三、发现职业兴趣

（一）职业兴趣的定义

职业兴趣是指个体对某类职业或工作的积极态度和情感倾向。不同的人具有不同的职业兴趣，这种差异源于个体的性格、价值观、能力和经历等多种因素。当个体从事与自身职业兴趣相符的工作时，往往能够表现出更高的工作积极性、专注度和创造力。职业兴趣不仅是个人职业发展的内在动力，也是实现职业成功的重要因素。

职业兴趣并非与生俱来，而是在特定的历史条件和社会环境中，通过参与实践活动并结合对自身能力和潜力的认识逐步形成的。例如，随着计算机技术的迅猛发展及其广泛应用，对该领域有兴趣的人数迅速增长，这既反映了现实需求的变化，也体现了历史发展阶段的影响。当一个行业因应社会变迁展现出新机遇时，它自然吸引那些希望适应和引领潮流的人们。同时，在实际工作中，个人通过长期的职业实践不断积累经验和技能，解决问题并提升专业水平，这一过程不仅加深了他们对职业的理解和认同，还可能帮助他们发现自己独特的才能，进而激发对该职业的浓厚兴趣。

（二）霍兰德职业兴趣理论

1959 年，美国职业发展专家约翰·霍兰德（John Holland）基于其丰富的职业指导经验，提出了广受认可的职业兴趣理论。霍兰德将职业兴趣划分为六大类别，分别为实际型（R）、研究型（I）、艺术型（A）、社会型（S）、企业型（E）和常规型（C）。这六种职业兴趣类型的个人兴趣特点，见表 3 - 3。

表 3 - 3 霍兰德职业兴趣类型及其特点

类型	兴趣倾向	人格特点	对应的职业环境
实际型 R（realistic）	倾向于处理具体事务；擅长机械操作和体力劳动；偏好户外工作；喜欢与物体互动	偏好具体任务；不擅长言辞表达；行事谨慎；谦逊；倾向于独立工作	较多地运用到身体的实际操作。通常需要运用某些特殊技术，以便进行操作、修理、维护等。喜欢从事机械、电子、建筑、农事等方面的工作。在工作中，处理与物接触的问题比处理人际问题还重要
研究型 I（investigative）	对未知领域充满好奇；喜欢逻辑分析和推理；有研究精神	抽象思维能力强；理性；有强烈的求知欲；学识渊博；不擅长领导	喜欢从事理化、生物、医药、程序设计等需要动脑的研究工作。工作场合通常需要运用复杂抽象的思考能力。在这些环境中常常采用数学或科学的知识，寻求问题的解决。例如，计算机程序设计师、医师、数学家、生物学家等。在大型企业，研究开发部门（R&D）也属于这类的工作场所。这类环境不太需要处理复杂的人际关系，大多数情况下，必须独立解决工作上的问题
艺术型 A（artistic）	渴望自我表达；对文学艺术有浓厚兴趣；追求美和自由；喜欢创造	富有创造力；追求个性表达；理想主义；追求完美；具有艺术才能	工作场合非常鼓励创意以及个人的表现能力。这个类型的环境提供了开发新产品与创造性解答的自由空间。例如，艺术家、音乐家、自由文字工作者等。工作环境鼓励感性与情绪的充分表达，不要求逻辑形式
社会型 S（social）	喜欢与人合作；乐于交友；愿意帮助他人；追求和谐	关心社会问题；希望实现社会价值；寻求广泛的社交关系；重视社会道德	工作场合鼓励人和人之间的和谐相待、互相帮助、和睦相处。工作场所中充满了经验指导与交流、心理的沟通、灵性的扶持等。例如，各级学校的教师、咨询心理学家等。工作氛围强调人类的核心价值，如理想、仁慈、友善和慷慨等
企业型 E（enterprising）	喜欢辩论和说服他人；有领导和管理才能；喜欢竞争和冒险	有抱负；务实；重视利益；追求权力和地位；目的性强	工作场合经常管理与鼓舞他人，力图达成组织或个人的目标。工作氛围重视绩效、权力、说服力与推销能力，为了达成预期的绩效，愿意承担风险。例如，企业经营、保险业务、政治活动、证券市场、公共部门、营销部门、房地产销售等。强调自信、社交手腕与当机立断

续表

类型	兴趣倾向	人格特点	对应的职业环境
常规型 C（conventional）	喜欢按计划和条理工作；注重细节；喜欢计算和组织	尊重规则和权威；保守；避免冒险和竞争；有自我牺牲精神	工作场合注重组织与规划。工作场所包括办公室的基本工作，如档案管理、数据记录、进度管控等；需要运用到数字与人事行政能力，典型部门包括秘书处、人事部门、会计部门、总务部门等

霍兰德认为，个体的职业行为不仅受到个人职业兴趣的影响，还与其所处的职业环境和个人对环境的偏好有关。他提出，人们倾向于选择那些能够激发兴趣并发挥个人优势的职业环境，这样的选择能够提升职业投入度和满意度，进而增强职业稳定性和成就感。而外部职业环境不仅为相关兴趣类型的人提供了机会，而且强化了相关的人格特质和职业兴趣，有利于在人职匹配的基础上，最大限度地发挥个人潜力。

霍兰德在职业兴趣类型理论的基础上，通过对职业兴趣结构分析研究，提出了职业兴趣类型的六边形结构模型（图 3-2）。

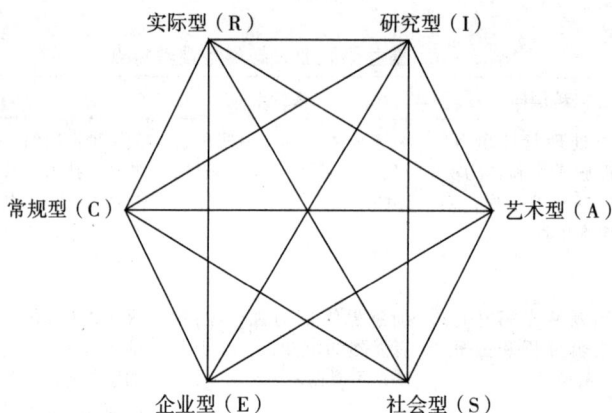

图 3-2　霍兰德职业兴趣六边形模型图

1. 霍兰德职业兴趣理论基本假设　霍兰德职业兴趣理论具有以下四个基本假设。

（1）由于个体在文化背景、教育经历以及所处环境等方面存在差异，这些因素共同作用，个体形成不同类型的职业兴趣。从理论角度来看，大多数个体可归入六种职业兴趣类型中的某一类。尽管个体可能具备多种兴趣特征，但在多数情况下，通常有一种类型表现得更为显著。

（2）在职场环境中，存在着六种与职业兴趣类型相对应的职业环境，这些环境分别由具有相应兴趣类型的人群主导。例如，在实际型职业环境中，主导该环境的通常是具有实际型兴趣的个体。

（3）个体倾向于寻找并选择那些能够激发自身兴趣且能充分发挥个人能力的职业环境类型。与此同时，不同类型的职业环境也在筛选与自身特征相契合的人才。这是一个双向互动与动态匹配的过程。

（4）个人的职业选择和行为是个性与环境特征交互作用的结果，可以根据个性和环境模式的匹配来预测其职业选择、职业转换、职业成就等状况。

2. 霍兰德职业兴趣类型关系　在霍兰德职业兴趣六边形模型中，职业兴趣类型之间存在相邻、相对和相隔三种关系。其中，相邻类型间关系紧密，相对位置关系最远，相隔位置居中。大体可分为 3 种情况。

（1）相邻关系　如 RI、IR、IA、AI、AS、SA、SE、ES、EC、CE、RC 及 CR。相邻关系的两种类型具有很多共同点。例如，实际型 R、研究型 I 的人都喜欢与物打交道，这两种职业环境与人的联系最少。

（2）相隔关系 如 RA、RE、IC、IS、AR、AE、SI、SC、EA、ER、CI 及 CS，在这种关系中，两种类型个体之间的共同点少于相邻关系但多于相对关系。

（3）相对关系 指在六边形上处于对角位置的类型之间的关系，如 RS、IE、AC、SR、EI 及 CA，相对关系的人格类型共同点最少。例如，研究型（I）喜欢与物打交道，而企业型（E）却喜欢与人打交道；艺术型的人（A）喜欢观念创造，常规型的人（C）喜欢处理数据和资料。因此，一个人同时对处于相对关系的职业环境都能感兴趣的情况较为少见。

霍兰德的职业兴趣模型在随后的职业兴趣结构研究中，通过职业兴趣的评估工具，其有效性得到了不断的验证，从而确立了该模型的广泛适用性。

四、利用 SCCT 模型培养职业兴趣

（一）社会认知职业理论 SCCT 模型简介

1994 年，社会认知职业理论（social cognitive career theory，简称 SCCT）被提出。该理论主要源于一般社会认知理论。SCCT 强调在指导人的行为过程中，自我效能和社会过程是相互作用的，并试图解释职业兴趣的形成、职业选择活动及表现的全过程。

1. SCCT 理论描述 传统职业理论认为，个体"行为"是在"个人"特质和外在"环境"共同作用下产生的，而 SCCT 理论则认为，个体可以通过个人力量的修正和塑造自我认知的方式影响和改变个人特质与环境。

具体来说，个人的人格与行为特性受其独特的学习经验影响。这些经验包括对环境中积极或消极的强化事件的行为接触与认知分析。人类不是环境中受制约的被动的有机体，相反，人类在体验到环境的制约及强化特性后，能主动依据自己的行为目标及需要做出适当的控制。

SCCT 理论有助于设计和解释职业生涯教育项目是如何影响个体的职业规划和决策的，是开展职业生涯教育的基础理论框架。SCCT 理论的因素包括个人对职业的兴趣、对自己在一个职位上表现出色的能力的信心水平、对各种职业的期望以及职业决策发生的环境。SCCT 理论可以应用于许多高度专业化的职业选择，包括适用于高学历层次的医药领域的科学家，提供了对特定经验和活动如何影响个体职业方向决策能力的重要见解。SCCT 理论要素具体见表 3-4。

表 3-4 SCCT 理论要素及具体描述

要素		具体描述
兴趣		某人对某事感兴趣或不感兴趣的不断发展的感觉
自我效能（包括四种信息来源）	一个人能在多大程度上满足某一领域所要求的任务和期望	
	过往的绩效成就/经验	已经掌控了一项艰巨任务，有助于增强在一个确定的职业领域内的自我效能感
	观察学习	通过观察像他们一样的人做出与职业发展相关的决策并采取行动来学习，然后观察这些决定的结果
	社会劝说	来自他人的鼓励或劝阻
	生理与情绪状态	在某一领域的绩效环境中，积极和消极的情绪/感觉
结果预期		对未来职业决策结果的预期
个人目标		指导职业决策和行动的期望的职业目标，目标可以塑造自我效能感和结果预期
环境的支持或局限		社会和职业领域的支持或局限，可以促进或阻碍职业目标的实现

这一理论期待学生在学校学习过程以及未来的工作场景中都要进行丰富的体验，包括对偶发事件能够采取正面的态度，在意外事件中创造对生涯发展最有利的条件。

2. SCCT 理论的三个核心概念 SCCT 理论着重阐述了在职业发展进程中，自我效能、结果预期以

及个人目标这三种个人变量之间的相互作用。

（1）自我效能　自我效能是指个体对自身组织和实施特定行为以达成预期结果的能力所持有的信念。例如，个体可能会问自己："我能完成这项任务吗？"自我效能并非一个单一的、固定的、与环境无关的特质，而是与特定的操作领域紧密相关的一系列特定信念。这些信念与个体在特定活动领域中的自我效能密切相关。

自我效能的形成与改变主要取决于四种信息来源：过往的绩效成就、观察学习、社会劝说以及生理与情绪状态。职业自我效能与自我效能的概念相一致，它并非指某种人格特质或职业行为能力本身，而是指个体在综合多种信息的基础上，通过对自身某一职业行为能力的判断与评估，所形成的一种对自身能力的信心或信念。职业自我效能对职业动机具有显著的影响。

（2）结果预期　结果预期是指个体对于从事某一特定行为所可能产生的结果的信念，例如，"如果我采取这种行为，将会发生何种情况"。它涵盖了对活动结果引发的多种信念，诸如预期会获得奖励、因成功掌握一项具有挑战性的任务而产生的自豪感等。结果预期的形成过程与自我效能的获得途径具有相似性，主要通过以下几种学习经验获得：对自身过往成功经历的回忆、对他人成功行为的观察学习、对自身活动成果的关注以及对他人对自己活动所作出的反馈的关注等。结果预期对学业和职业兴趣具有显著影响，同时，自我效能也会对结果预期产生作用。

（3）个人目标　个人目标是指个体从事特定活动或取得一定结果的意图，例如，"我有多强烈的意愿去从事这项活动"。个人目标可以进一步划分为职业目标和绩效目标。个人目标是个人在职业发展过程中运用自身力量的重要方式和手段。通过设定明确的目标，即使在长期缺乏外部回报的情况下，个体也能够有效地组织、指导并持续坚持自己的行为。自我效能与结果期待对个人目标的设定、选择以及实现过程具有重要的影响作用。

3. SCCT 理论的三个子模式　SCCT 理论由三个相互关联的子模式构成。在每一个子模式中，上述三个核心变量，自我效能、结果预期和个人目标，与个人的其他重要特征、背景以及学习经验相互作用、相辅相成，共同对职业选择和发展过程产生影响（图 3-3）。

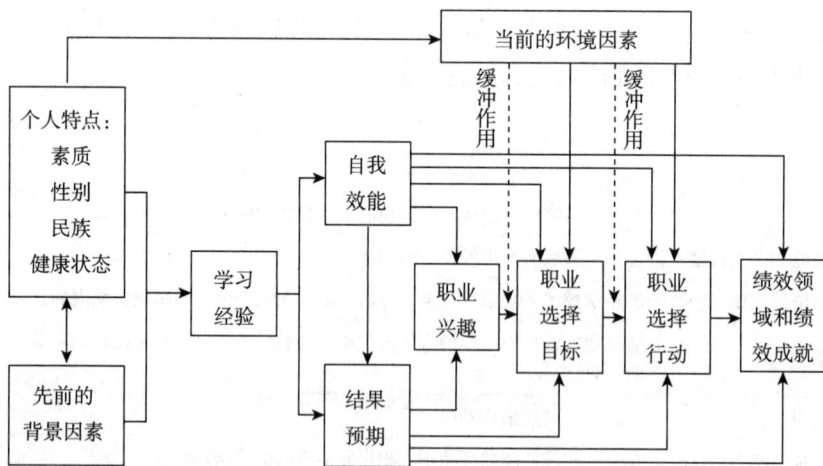

图 3-3　SCCT 理论的完整模型

从 SCCT 理论的完整模型中可以看出，该理论不仅重视其三个核心概念，还注重整合已有的理论成果。具体而言，SCCT 将心理因素（如兴趣、能力、价值观）、社会因素（如社会经济地位、性别、民族）以及经济因素（如就业机会、培训机会等）纳入其理论框架之中，通过社会认知理论的视角对这些因素进行统一整合与阐释。

（1）职业兴趣模式　个体对特定职业的自我效能和结果预期能够塑造其职业兴趣。当个体认为自已具备从事某种职业的能力，或者预期从事该职业能够获得满意的回报时，便可能形成对该职业的兴趣，并持续保持这种兴趣。职业兴趣形成后，与自我效能和结果预期共同作用，促使个体设定职业目标；而目标的设定将进一步驱动个体采取行动，并取得相应的绩效成就。绩效成就又会反作用于自我效能和结果预期，从而形成一个动态的反馈循环。需要注意的是，自我效能和结果预期并非独立于社会和经济因素发挥作用。例如，在个体社会化的过程中，男性和女性往往分别形成对传统男性职业（如工程技术）或女性职业（如幼儿教育、护理）的技能、自我效能、结果预期及职业兴趣。

（2）职业选择模式　职业选择过程可分为三个阶段。

1）表达初步的职业选择或职业目标。

2）采取行动以实现目标。

3）获得绩效成就并形成反馈环路，影响个人未来的职业选择的形成。

职业选择是一个双向选择且具有开放性的过程，受到多种因素的综合影响，并且存在多个关键决策节点，即在职业发展路径上需要做出重要决策的时刻。职业选择虽然常常与职业兴趣相关，但并非完全取决于职业兴趣，自我效能和结果预期也会直接对职业选择目标和行动产生影响。

此外，两类环境因素也会对职业选择过程产生重要影响：一类是"先前的背景因素"，包括文化环境、性别角色社会化过程、榜样人物的影响以及技能培训机会等；另一类是"当前的环境因素"，例如，在进行职业决策时所面临的工作机会、情感支持、经济支持以及环境中的偏见等。

（3）工作绩效模式　工作绩效是由个体的能力、自我效能、结果预期以及绩效目标之间的交互作用所决定的。能力对工作绩效具有直接影响，同时也通过塑造自我效能和结果预期而发挥间接作用。这种双重作用机制可以解释为何在客观能力相近的情况下，不同个体的实际绩效成就可能存在显著差异。此外，工作绩效本身构成了一个反馈环路，能够反作用于自我效能和结果预期，从而形成动态的调节机制。

需要指出的是，自我效能并非越高越好。只有当自我效能水平略高于个体的实际能力水平时，才能最充分地发挥现有技能，并有效促进未来技能的发展。

（二）SCCT 理论在大学生职业兴趣培养中的应用

1. 增强自我效能　自我效能是 SCCT 理论模型中的核心概念之一，对职业动机和职业兴趣具有显著影响。大学生可以通过参与实习、兼职、社团活动等方式，积累实际工作经验，从而提升自我效能。例如，计算机专业的学生通过参与学校的编程项目并成功开发应用程序，不仅增强了自身的编程技能，还提升了对编程工作的信心和兴趣。

2. 建立合理的结果预期　结果预期是影响职业兴趣的另一个关键因素。大学生可通过参与生涯教育与职业咨询活动，建立合理的职业预期，使个体对从事特定职业的潜在结果形成积极的认知，从而增强职业兴趣和选择该职业的可能性。例如，某商科学生参加职业发展研讨会后，深入了解市场营销领域的职业前景与挑战，这不仅有助于其对该领域产生兴趣，还为其未来的职业选择奠定了一定基础。

3. 设定明确的个人目标　个人目标是 SCCT 理论模型中的第三个核心概念，对职业选择与发展具有重要影响。大学生可以通过设定清晰的职业目标，更有针对性地规划自身的学习与实践活动。例如，某工程专业学生设定其职业目标为成为项目经理，为此，他参加了项目管理课程，并积极参与相关实践活动，这有助于其培养对项目管理的兴趣，激发下一步的职业行动探索。

4. 考虑个人与环境因素的相互作用　SCCT 理论模型强调个人因素与环境因素对职业兴趣的共同影响。家庭背景、社会经济状态、文化背景等环境因素均会对个体的职业兴趣和选择产生作用。因此，大学生应积极突破环境局限，主动寻求资源与机会。例如，他们可以充分利用学校的就业指导中心、职业发展讲座、校友网络等资源，获取行业信息与职业指导。此外，学生还可以通过参加行业会议、研讨会以及利用在线职业平台，拓宽自身视野与人脉，增进对不同职业路径的了解。这些活动不仅能够帮助学生把握行业趋势，还能为其提供与行业专家交流的机会，从而增强其职业自我效能与结果预期。

在这一过程中，大学生需要认识到，尽管个人背景和环境因素会对职业选择产生影响，但通过积极的态度和切实的行动，他们能够有效突破这些限制。例如，来自农村地区的学生可能对城市中的工作机会和职业发展路径缺乏了解，但其可以通过充分利用网络资源、学校提供的职业辅导和实习机会，逐步建立起对这些领域的认知和兴趣。通过持续的努力，学生不仅可以培养对特定职业的兴趣，还能够提升自身的职业竞争力。高校和教育机构在这一过程中承担着关键责任，应积极提供必要的资源与支持，帮助学生更全面地运用 SCCT 理论模型来培养职业兴趣，并为其迎接未来的职业挑战作好充分准备。

第三节　职业价值观

一、价值观与职业价值观

（一）价值观的概念

有学者认为，价值观是指人们对客观事物、现象及对自己行为结果的意义、作用、效果和重要性的评定标准或尺度，是推动并指引人们决策和采取行动的核心要素。也有学者认为，价值观是人们按照自己所理解的重要性，对事物进行评价与抉择的标准。凡是自己觉得重要的、想追求的就是自己的价值观。它是我们生活中的信念、情感和动力、行为的指挥官。综合而言，价值观是一种内在的价值衡量标准，是人们在生活和工作中所秉持的原则与标准，构成了个体认识和处理事务的价值体系。它对人的行为、态度、观察、信念以及理解等方面具有重要的支配作用，影响着人们对世界的认知、对事物意义的判断以及自我认知、自我定位和自我规划等方面。一个人对自己的价值观越清晰，其生活目标也越明确。

（二）职业价值观的概念

职业价值观是个人对不同职业所具有的价值属性的基本认知与态度，是人们在选择职业过程中所依据的内在价值标准。它反映了个人需求与社会职业属性之间的相互关系，并对个体的择业心态、行为表现以及对职业的信念和理解等方面发挥着支配作用。

职业价值观在职业认知过程中发挥着"过滤器"的作用。它赋予个人的择业行为以选择性和指向性，既是确定职业责任、态度和行为方向的"定向器"，也是调节职业行为方式并进行制动的"调节器"。

职业价值观是一种复杂且多维的心理现象，具有内涵的丰富性、层次的多样性以及个体体验的差异性等显著特点。具体而言，即使处于相同的社会环境之中，不同个体的职业价值观仍表现出差异性。此外，职业价值观是在特定的社会历史条件下逐渐形成的，因而具有鲜明的时代特征，并且会随着社会的发展和变迁而相应地发生变化。

由于个体的个人特征、家庭环境以及所处的社会文化背景存在差异，个人对职业的主观评价也各不相同。从社会层面来看，由于社会分工的不同，不同职业在劳动强度、难度、劳动条件、待遇、所有制形式以及稳定性等方面存在显著差异。此外，社会文化思想观念的影响也使得人们对各类职业的声望和地位评价存在不同。这些因素共同构成了个体的职业价值观，并对其职业选择产生重要影响。

二、施恩的职业锚理论

所谓"职业锚"，又称职业系留点。锚，是使船只停泊定位用的铁制器具。为了理解职业锚，有人作过形象的比喻：我们每个人都驾驶着自己的一艘船在海洋中航行，这艘船叫作职业生涯，这片海叫作社会人生。有一天早上，在明媚的阳光下，你突然发现一处风景秀丽的港湾，于是决定停船下锚，留在这个地方。这个锚就是你的职业锚，这个区域就是你职业生涯的最佳贡献区。

职业锚是职业生涯规划领域中具有重要地位的概念，由美国职业心理学家埃德加·施恩（Edgar H. Schein）提出。施恩指出，职业生涯发展本质上是一个持续不断的探索过程。在这个过程中，个体依据自身的天赋、能力、动机、需求、态度以及价值观等因素，逐渐形成一个清晰的与职业相关的自我概念。随着个体对自身的认知不断深化，其职业锚，即在职业选择中占据主导地位的核心价值观和职业定位，也会逐渐明确。

职业锚测评是职业规划与职业咨询领域中应用最为广泛且有效的工具之一。其能够帮助个体明确自身的价值观与工作追求，同时在确定长远职业目标与方向、职业发展路径以及自身角色定位等方面发挥重要作用。施恩将职业锚划分为八种类型，并编制了相应的职业锚测评量表，见表 3 - 5。

表 3 - 5　职业锚测评量表

类型	表现
技术／职能型 technical/functional competence	追求在技术或职能领域的持续成长与技能提升，并期望获得应用其专业技能的机会。他们将自身价值的认定建立在专业水平之上，乐于迎接来自专业领域的挑战。通常，他们对从事管理工作缺乏兴趣，因为这可能意味着他们需要放弃在技术或职能领域所取得的成就
管理型 general managerial competence	致力于追求职业晋升，热衷于从事全面管理相关工作，期望能够独立负责一个部门或业务单元，并整合跨部门成员的努力成果。他们渴望承担整个部门的管理责任，并将公司的整体成功视为自身的职责所在。对于他们而言，具体的技术或职能工作仅被视为通往更高层级、更全面管理职位的必经阶段
自主／独立型 autonomy/independence	期望能够自主地安排自身的工作方式、工作习惯以及生活方式，追求能够充分发挥个人能力的工作环境，并力求最大限度地摆脱组织的限制与约束。他们宁愿放弃晋升或工作拓展的机会，也不愿放弃自由与独立
安全／稳定型 security/stability	追求职业中的稳定性和安全感。他们通过可预测的职业发展路径和明确的未来规划来获得心理上的放松。他们重视财务安全，例如，关注退休金和退休计划等福利保障措施。稳定感的体现还包括个人的诚信、忠诚以及对上级安排工作的可靠完成。尽管他们有时能够晋升到较高的职位，但他们更关注的是职业的稳定性，而非具体的职位和工作内容
创造／创业型 entrepreneurial/creativity	渴望运用自身的能力创建属于自己的公司，或开发完全属于自己的产品（或服务）。他们愿意承担创业过程中可能面临的风险，并积极克服各种障碍。他们希望通过自身的努力向外界证明，公司是凭借其个人能力所创建的。尽管他们可能目前仍在其他公司任职，但他们同时也在不断学习并评估未来的创业机会。一旦时机成熟，他们便会离开现有岗位，独立开展自己的事业
服务／奉献型 service/dedication to a cause	追求其内心认可的核心价值观，例如，帮助他人、改善人们的安全状况、通过新产品消除疾病等。他们始终致力于寻找能够体现这些价值观的职业机会。因此，即使在更换公司的情况下，他们也不会接受那些无法让他们实现这些核心价值的工作变动或职位晋升
挑战型 pure challenge	倾向于解决复杂难题、战胜强大的对手以及克服艰巨的障碍。对他们而言，参与工作的核心动机在于工作本身为他们提供了战胜各种困难和挑战"不可能"的机会。新奇性、变化性以及挑战性是他们追求的终极目标
生活型 lifestyle	追求生活各方面的和谐与统一，重视工作环境是否能够平衡个人、家庭与职业需求。他们渴望拥有一个灵活的工作环境，以实现生活的综合目标，并且愿意为此牺牲部分职业晋升机会。对他们而言，成功不仅局限于职业成就，还包括生活质量、居住选择、家庭与事业的协调以及在组织内的个性化发展路径

理解职业锚的概念，需要注意以下四个方面。

（1）职业锚的形成以个体在工作实践中积累的经验为基础。职业锚通常在职业生涯的早期阶段逐渐显现。个体在从事工作若干年后，只有在真实的工作环境中真正接触具体的职业、行业和职位，经历实际的职业问题，并深入了解工作对知识和技能的实际要求之后，才能确定自己稳定的长期贡献领域。对于大多数人而言，第一份职业往往并非其终生的职业选择。相关研究表明，人们平均在四十岁才能找到明确的职业锚。

在校大学生由于缺乏实际工作经验，对管理、创业、技术以及生活的真实内涵缺乏深入了解。因此，尽管职业锚对大学生未来的职业发展具有重要意义，但在现阶段，他们难以确定自己的职业锚。

（2）职业锚的确认是一个渐进的过程。职业锚无法在个体进入职业领域之前通过简单的直接测试而获得，需要在工作实践中，通过持续深化对自身能力、动机、态度以及价值观等方面的认识，逐步形成。这表明，确定职业锚并非一蹴而就，而是需要个体在不断自我认知的过程中，使自身的职业经验逐步趋于稳定，最终明确那些对自己而言最为重要的、不可放弃的职业意向。

（3）职业锚是个体在自我发展过程中，动机、需求、价值观与能力相互作用并逐步整合的结果。它是个体在积累一定工作经验后，综合考虑职业规划要素、家庭因素以及生活因素，对自身职业规划进行反思与调整的产物。

（4）职业锚并非固定不变。尽管职业锚具有一定的稳定性，但其本质上是个人与工作环境相互作用的结果。随着个体的能力、动机、需求、态度和价值观的变化，以及工作环境的改变，职业锚也可能会相应地进行调整。

三、树立科学的职业价值观

职业价值观是个体在长期社会化过程中形成的一套关于职业的信念系统，它不仅反映了个人对职业的认识和态度，还深刻影响着人们的职业期望、选择以及就业后的工作态度与绩效水平。因此，树立科学的职业价值观对于个人的职业发展和社会适应至关重要。以下来探讨如何树立科学的职业价值观。

（一）理解职业价值观的本质

职业价值观是个人价值体系的重要组成部分，它在个体面临职业选择时发挥指导作用，影响着其行为决策。每个人的职业价值观都是独特的，受到多种因素的综合影响，包括个人的兴趣爱好、能力特长、家庭背景、教育经历以及社会文化环境等。深入理解这些影响因素，有助于个体更清晰地认识自身的职业倾向，从而做出更加符合自身特点的职业选择。

（二）结合马斯洛需求层次理论

根据马斯洛的需求层次理论，人的需求可以划分为五个层次：生理需求、安全需求、社交需求、尊重需求以及自我实现需求。在选择职业时，个体应综合评估自身所处的需求层次，并据此寻找能够同时满足多方面需求的职业路径。例如，投身于国家关键发展领域的工作，不仅可以获得稳定的物质回报，满足生理与安全需求，还能实现更高层次的精神追求，如获得社会尊重与自我价值的实现。

（三）关注社会贡献与社会责任

在新时代背景下，越来越多的年轻人开始深刻认识到个人职业发展与社会发展之间的紧密联系。科学合理的职业价值观不应仅仅局限于追求个人利益的最大化，更应着重考虑如何通过自身的工作为社会做出积极贡献。因此，青年群体应积极响应社会号召，主动选择那些能够有效促进经济社会发展的行业或岗位，为国家的繁荣昌盛贡献自己的力量。

（四）培养持续学习的心态

在科技不断进步与社会持续发展的背景下，众多传统行业正经历着转型甚至逐渐退出历史舞台，与此同时，新兴行业不断涌现。这一趋势表明，个体必须保持开放的心态，积极主动地学习新知识与先进技术，以适应快速变化的职业环境。

（五）注重工作与生活的平衡

在现代社会，除了专业技能之外，职场人士对工作之外的生活质量的关注度日益提升。一份理想的工作不仅应提供较高的薪酬，还应保障充足的私人时间，以便个体能够从事休闲娱乐、家庭团聚等活动。合理安排工作与生活的时间比例，不仅有助于提高工作效率，还能增强个人的幸福感。正如相关文献所指出的，"好职业"的标准之一是能够保障和谐的家庭生活，使个体在保持心理健康和身体健康的同时，充分享受生活。

总之，树立科学的职业价值观需要我们从多个角度出发，既要考虑个人的兴趣、能力和需求，也要关注社会发展的趋势和社会责任，同时还应具备持续学习的能力以及维护良好的工作生活平衡。唯有如此，才能真正找到既适合自身特点又契合社会发展需求的理想职业路径，实现个人与社会的共同发展。

知识拓展

希望与希望理论

希望是对未来美好结果的积极期待，在个人生涯追求中扮演着关键角色，它能在遭遇挫折时维持个体的动力和方向。有临床心理学家将希望定义为"识别通往预期目标路径的感知能力，并通过动因思维激励自己沿着这些路径前行"。他进一步提出，希望由以下三个部分构成。

希望＝目标（goal）＋达成目标的方法或路径（pathway）＋达成目标的意愿和信心（agency）

与目标追求相关的成功会激发积极情绪，而失败则导致消极情绪。面对障碍时，高希望者更能想出多种可行方案，并在遇到障碍时主动寻找新路径，而低希望者则往往缺乏这种能力。总之，希望就是相信自己有能力和方法达到目标。因此，当个体失去希望并想要重燃希望时，可以运用这一理论，找出自身缺乏的希望元素。

行动体验

参考范例

霍兰德兴趣岛测试

活动目的

通过活动测试探索个人的兴趣类型，并依据兴趣类型匹配适合的职业。

活动说明

个人兴趣与职业之间存在着密切的关联。不同兴趣类型通常对应着不同的职业适配性。通过科学的测试方法，个体可以了解自身的个性特征，从而为其选择更契合自身发展的职业方向提供依据。这有助于明确个体更适合从事的职业类别，实现个人特质与职业选择之间的最佳匹配。

使用说明

假设你抽中了一张免费旅游的彩票，获得了一次为期三个月的旅行机会，你可以选择前往以下六个岛屿进行游玩，无需考虑费用等其他问题。

你最想去的岛屿是哪个？为什么？

如果中途可以选择其他两个岛屿，你还会选择哪两个？这两个岛屿你会优先选择哪一个？

各个岛屿的特色介绍如下。

岛屿A：美丽浪漫的岛屿。岛上有美术馆、音乐厅、街头雕塑和街边艺人，弥漫着浓厚的艺术文化气息。居民保留了传统的舞蹈、音乐和绘画，许多文艺界的朋友们都喜欢到这里来寻找灵感。

岛屿S：友善亲切的岛屿。岛上居民个性温柔、友善、乐于助人，社区均自成一个密切互动的服务网络。人们重视互助合作，重视教育，关怀他人。

岛屿 E：显赫富庶的岛屿。居民善于企业经营和贸易，能言善道。岛上的经济高度发达，处处是高级饭店、俱乐部、高尔夫球场。来往者多是企业家、经理人、政治家和律师等。

岛屿 C：现代、井然的岛屿。岛上建筑十分现代化，是进步的都市形态，以完善的户政管理、地政管理、金融管理见长。居民个性冷静、保守，处事有条不紊，精于组织策划，细心高效。

岛屿 R：自然原始的岛屿。岛上的自然生态环境甚佳，有各种野生动物。居民以手工见长，自己种植花果蔬菜、修建房屋、打造器物、制作工具，喜欢户外运动。

岛屿 I：深思冥想的岛屿。岛上有多处天文馆、科技馆及图书馆等。居民喜好观察、学习、探究、分析，崇尚和追求真知，常有机会和来自各地的哲学家、科学家、心理学家等交流心得。

解析见表 3-6。

表 3-6　霍兰德兴趣岛解析

兴趣类型	总体特征	典型职业
R 岛——实际型	个性平和稳重，看重物质，追求实际效果，喜欢实际动手进行操作实践	喜欢与户外、动植物、实物、工具、机器打交道的工作内容。如：农业、林业、渔业、野外生活管理业、制造业、机械业、特种工程师、军事工作
I 岛——研究型	自主独立，好奇心强烈，敏感并且慎重，重视分析与内省，爱好抽象推理等智力活动	喜欢以观察、学习、探索、分析、评估或解决问题为主要内容的工作。如：实验室工作人员、物理学家、化学家、生物学家、工程师、程序设计员、社会学家
A 岛——艺术型	属于理想主义者，具有独创的思维方式和丰富的想象力，直觉强烈，感情丰富	喜欢"非精细管理的创意"类和创造类的工作。如：音乐家、作曲家、乐队指挥、美术家、漫画家、作家、诗人、舞蹈家、演员、戏剧导演、广告设计师、室内装潢设计师
S 岛——社会型	洞察力强，乐于助人，善于合作，重视友谊，热情关心他人的幸福，有强烈的社会责任感，始终关注自身工作对他人及社会所做出的贡献程度	喜欢帮助、支持、教导类工作。如：牧师、心理咨询师、社会工作者、教师、辅导员、医护人员、其他各种服务性行业人员
E 岛——企业型	为人乐观，喜欢冒险，行事冲动，对自己充满自信，精力旺盛，喜好发表意见和见解	喜欢领导和影响别人，或为达到个人或组织的目的而善于说服别人，希望成就一番事业。如：商业管理、律师、政治运动领袖、营销人员、市场或销售经理、公关人员、采购员、投资商、电视制片人和保险代理
C 岛——常规型	追求秩序感，自我约束、合作性强，谨慎周全，追求实际，回避创造性活动	喜欢有清楚的规范和要求，按部就班、精打细算、追求效率。如：税务专家、会计师、银行出纳、行政助理、秘书、档案文书

请写出自己的霍兰德兴趣岛代码组合：＿＿＿＿＿＿＿＿＿＿＿＿＿＿＿＿＿＿

在以上出现的职业中，请写出三个你最想从事的职业：＿＿＿＿＿＿＿＿＿＿＿＿＿＿＿

活动总结

实际上，这六个岛屿分别对应了霍兰德所提出的六种典型职业兴趣类型。你所选择的岛屿即反映了你的职业兴趣所在。

书网融合……

| 微课 | 习题 | 本章小结 |

第四章 发挥能力优势

学习目标

1. 通过本章学习，掌握发现和扩大个人优势的方法；熟悉终身成长的理念；了解胜任力理论、反木桶理论。

2. 具有运用 SIGN 模型识别和发展个人的职业优势的能力。具有积累个人资源和打造个人品牌的能力。

3. 树立积极主动的职业生涯规划意识，培养对未来职业发展的责任感。

第一节 发掘个人优势

一、匹配岗位胜任力

（一）胜任力概述

胜任力的概念最早由美国心理学家大卫·麦克利兰（David McClelland）正式提出。他指出学习成绩并不能预测职业成功，智力和能力倾向测验也不能有效预测职业成功或生活中的其他重要成就。他提出，应关注那些能够真正区分生活成就或工作业绩优劣的深层次行为特征——胜任力。由此可知，胜任力是指绩优者所具备的知识、技能、能力、特质或动机。麦克利兰的这一观点为胜任力的研究奠定了基础，使其成为全球研究的焦点。

1994 年，麦克利兰进一步提出了一个更为先进的胜任力定义，即能将高绩效者与一般绩效者区分开来的，可以通过可信的方式度量出来的动机、特性、自我概念、态度、价值观、知识、可识别的行为技能和个人特征。这一定义强调了胜任力的可测量性和区分性，为胜任力的实证研究提供了更为明确的方向。

关于胜任力的相关理论，学界有多种阐述。如胜任力是指在特定工作岗位、组织环境和文化氛围中，绩优者所具备的可以客观衡量的个体特征，以及由此产生的可预测的、指向绩效的行为特征。这些特征包括但不限于知识、技能、自我形象、社会性动机、特质、思维模式、心理定式，以及思考、感知和行动的方式。

（二）岗位胜任力模型

1973 年，麦克利兰提出了冰山能力素质模型，简称"冰山模型"，也称岗位胜任力模型（图 4 - 1）。

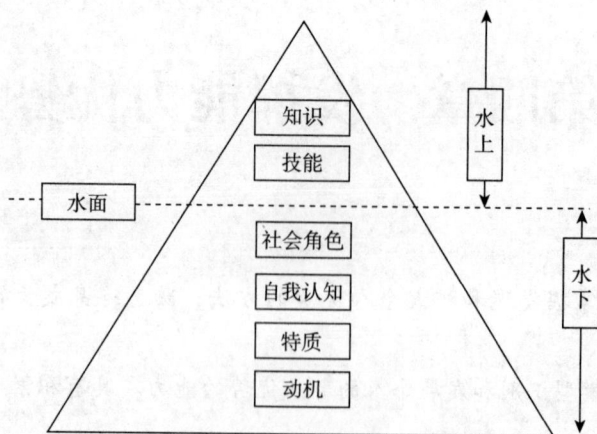

图 4-1 冰山模型示意图

麦克利兰把人的胜任特征模型抽象地描绘成一座在水中飘浮的冰山。"水上部分"包括知识和技能，是容易被人发现和看到的能力素质。知识是指个人在特定领域拥有的事实型与经验型信息，如管理知识、财务知识、专业销售知识等。技能是指个体运用已有的知识经验，通过练习而形成的一定的动作方式或智力活动方式，如工作所具备的办公软件能力、表达能力、组织能力、决策能力、设备操作能力等。

"水下部分"包括社会角色、自我认知、特质和动机，是人内在的、难以测量的隐性能力素质。它们不太容易通过外界的影响而得到改变，是决定人们行为表现稳定的关键因素。社会角色，指一个人在与他人和社会的互动交往中呈现出的行为方式与风格，如有的人对别人充满善意、易于合作，有的人则可能对环境充满警惕。自我认知，指一个人与自我相处的关系模式，进而形成的自我印象，如有的人是积极主动、开朗乐观的，有些人则是悲观消极的。特质，指个人对环境和各种信息所表现出来的持续反应，如诚实正直、责任感强、抗压能力强等。动机，指在特定领域自然而持续的想法和偏好，是驱动和决定一个人外在行动的内在动力。特质与动机往往会促使一个人把工作当作事业，并在长期无人监督的情况下努力工作。以上这些能力素质越往下，被挖掘与感知的难度也越大。

（三）通用药学类岗位胜任力

根据药学类专业对应的主要职业类别，药学类岗可大致划分为药学研发、药学服务、药品生产与医药销售等主要领域。

1. 药学研发的岗位胜任力 药学研发的岗位胜任力如表4-1所示。

表4-1 药学研发的岗位胜任力

任务模块	职业能力	胜任要素
药学研究	实验设计	掌握实验设计原则，熟练运用药学实验方法，了解统计学原理，能够独立完成实验操作并记录数据
	数据分析	熟悉药学数据处理软件，能准确解读实验结果，具备批判性思维能力，善于从数据中发现问题
	文献检索 文献综述	熟练运用文献数据库，能够快速查找、筛选和总结相关文献并撰写综述报告
新药开发	药物优化	了解药物作用机制，掌握药物筛选流程，具有药物化学等相关知识，参与药物分子设计与优化
	专利与法规知识	熟悉国内外药品专利制度和注册法规，理解知识产权保护策略

2. 药学服务的岗位胜任力　药学服务的岗位胜任力如表 4-2 所示。

表 4-2　药学服务的岗位胜任力

任务模块	职业能力	胜任要素
药理研究	处方审核	掌握处方的"四查十对"、药物相互作用和配伍禁忌、药学综合知识与技能及临床药物治疗学等课程的专业知识
	药品调剂	熟悉各类常用药的厂家、剂型、剂量、规格的信息（切忌混淆），以及药品调剂和处方分析的训练
	用药指导	熟悉各类常用药的注意事项、服用时间、不良反应和禁忌证，不断学习新药信息，反复核对不出错，协调医患关系
	处方点评	对处方进行鉴别，指出药品在对症、用法、剂量、配伍等方面的合理性
静脉配液中心	排药、退药、贴标签、核对	熟悉常见药品的分类（主要是抗生素、抗肿瘤药）、洁净服的穿脱、安瓿瓶的开启、无菌操作、输液配置（营养液、药物）
	药品分拣、归类与供应	掌握洁净区空调系统、常见药品的储藏条件，分类进行摆放，严格遵守操作步骤，反复核对与确认，仓内、仓外分组

3. 药品生产的岗位胜任力　药品生产的岗位胜任力如表 4-3 所示。

表 4-3　药品生产的岗位胜任力

任务模块	职业能力	胜任要素
生产计划管理	生产计划制订	掌握药品生产流程，具备良好的计划制订与调整能力，熟悉 GMP 规范，熟悉生产资源调度和物料平衡计算
	生产进度监控	能够实时监控生产进度，及时发现并解决生产中的问题，确保生产任务按时完成
	库存管理	理解库存周转率，掌握库存控制原则，能够合理规划库存，减少浪费和成本
设备与工艺管理	设备操作	熟练操作生产设备，了解设备原理，具备日常维护保养和简单故障排除能力
	工艺优化	持续改进生产工艺，提高生产效率和产品质量，降低生产成本
	清洁与消毒	掌握清洁消毒标准操作程序，确保生产环境的卫生安全
质量控制	质量检测	掌握检验方法，能够准确判断产品是否符合质量要求，熟悉药品质量标准
	异常情况处理	能够迅速响应生产过程中的异常情况并采取有效措施，防止质量问题发生
	质量记录	准确记录生产过程中的质量数据，建立完善的产品追溯体系
安全与环保	安全操作	遵守安全生产规定，能够识别和预防生产安全事故
	废弃物处理	熟知废弃物分类与处理流程，遵循环保法规，实施绿色生产
	应急预案	制订并熟悉应急预案，能在紧急情况下迅速采取措施，保障人员和财产安全

4. 医药销售的岗位胜任力　医药销售的岗位胜任力如表 4-4 所示。

表 4-4　医药销售的岗位胜任力

任务模块	职业能力	胜任要素
市场分析	洞察行业趋势	掌握市场趋势，熟悉医药行业动态，理解政策导向和市场需求变化
	定位目标客户	能够精准识别潜在客户群体，了解客户需求和偏好，制订有效的销售策略
	熟悉法律法规	了解并遵守国家医药销售相关的法律法规，确保销售活动合法合规
销售策略制定	掌握产品知识	深入了解公司产品特性、优势、适应证及最新临床研究进展
	销售技巧	掌握高效沟通、谈判、关系建立等销售技巧，具备出色的说服力
客户关系管理	维护客户关系	能够建立和维护与医疗机构、医生、药师的良好关系，提供优质的售后服务
	信息收集	及时收集市场反馈，分析竞争对手动态，为公司提供有价值的信息

（四）生物制药研发综合岗位胜任力

在免疫领域，生物制药已成功开发出多种治疗方法，用于治疗自身免疫性疾病、过敏性疾病、传染病以及癌症等。生命科学领域的快速发展为求职者提供了丰富多样的职业机会。在生物制药研发部门，求职者可以担任药物研发科学家、实验室负责人或项目组领导者等职位。这些岗位的胜任力主要聚焦于技术背景、对于药物发现与开发过程的理解以及职业成功所需的关键个人特质与人际关系三个方面。

1. 严格与广泛的科学训练是成功的基础 在生物制药研发领域，开启成功的职业生涯的基础是经过严格的科学训练并掌握广泛的专业技能。无论是在学术界还是工业界的研发领域，这都是至关重要的。广泛且创造性的科学思维对于新治疗手段的成功研发是必不可少的。

药物研发是一项复杂的科学项目，要求来自不同学科的科学家组成研发团队，共同攻克难题。这些学科包括分子与细胞生物学、生物化学与生物物理学、化学、结构生物学、生物信息学与计算生物学等。在一个项目团队中，研发科学家能够致力于研发项目的不同方面。例如，具有不同专业背景的科学家可能参与一个关于抗体治疗的药物发现研发团队，团队成员可能包括化学家（小分子药物发现项目团队）、蛋白质化学家、生物信息学家与计算生物学家、体内药理学家、药物动力学家、生物标记物专家、诊断学家、毒理学家或安全评价专家、病理学家、生物学家、结构生物学家以及分析技术专家等。

在每一个具体领域，实验室的药物研发科学家需要设计并操作高质量的试验，而实验室主管与课题组组长则负责督导协调整个团队项目的活动，提供科学与策略指导。研发项目的各个具体领域是相互关联的，因此要求团队中的研发人员不仅能够深入理解自己的研究领域，还要了解项目团队其他成员的研究进展，这对于整体项目的研发成功至关重要。这进一步要求研发团队成员需具备强烈且广泛的责任感。正因为如此，多学科、交叉学科的训练是十分必要且关键的，这将提升研发人员在具体各个领域的研发能力，从理解靶点生物学及其机制，到产生与优化治疗候选药物，再到发现与治疗相关的生物标记物。

在准备投身生物制药研发领域工作时，有一些技能与培训亟待强化。

首先，计算方法用于分析大型数据集，例如，人类基因学、全基因组分析研究等，这些研究在生物制药研发中应用广泛，涵盖新靶标的发现与验证，以及新治疗手段的临床研究等。因此，生物制药研发科学家需在数学与统计学方面加强技能训练，并将其应用于计算生物学领域。

其次，人类免疫学领域需要更多训练与研究，以助力从临床前小鼠研究向人类疾病研究的过渡，提升新治疗手段的临床开发水平，进而提高临床实践水平。例如，尽管许多人类疾病是基于常规的临床或病理标准进行诊断的，但如今人们逐渐认识到，分子病理基因亚型的异质性是构成这些常规特征的基础。确定患者身上不同人类疾病的病理亚型及其相关的治疗生物标记物，已成为生物制药研发中的一个主要关注焦点。

2. 深刻理解临床实践与药物研发的过程 为了更有效地研发新的治疗手段，解决未被满足的临床需求，提高临床治疗效果，深刻理解疾病诊断与治疗的过程至关重要。此外，理解新治疗手段的临床研究过程也是必要的，这有助于引导有效新药的发现研究，深刻理解临床试验数据，并识别临床研发成功的机会。

对于药学生，在学习期间加强背景知识的训练，将为未来在生物制药行业的工作奠定坚实基础。学习相关课程、参加医学会议、参与药物研发工作组的科学研究等活动，不仅有助于个人进入生物制药研发的职业领域，还能确保其职业发展路径顺畅。此外，进行一些具体学科专业性较强的培训课程，有助于从业人员深刻理解相关领域。一些公司提供的实习机会，是学习更多关于药物研发知识与实践的高效途径。

3. 强大的人际沟通技能与优秀的个人综合素质 生物制药领域是一个快速发展且充满竞争的行业，

无论是在大型公司还是小型公司，研发进程通常都较为迅速，有时研发的关注焦点会突然改变。对于从事新药研发的人员而言，保持灵活性与适应性，实现专业知识广度与深度的良好平衡，是职业成功的关键要素。药物发现项目组的研究是多方面的，需要典型的平行操作。在研究过程中，多任务安排与优先级选择的能力、高效地调整与优化实验、精确及时地获取、记录数据并分析数据等，都是新药研发工作中极为有价值的技能。

良好的人际沟通技能对于新药研发的成功以及个人的职业成功至关重要。整体研发实验通常由多个具体的小组操作，既包括公司内部的团队，也涉及与其他公司或学术机构的合作。关于项目的进展情况与关键数据，可能需要及时告知研发团队的所有成员。此外，当一个治疗项目进入临床研究阶段时，政府监管机构将需要审评关键的研究数据。因此，良好的交流技能（包括非正式交流、正式的口头展示与书面报告）以及合作技能，都是必不可少的。最后，如实验室主管与项目团队组长等处于领导岗位的研发科学家，需要发展良好的管理技能，包括与不同性格的人合作的能力、有效激励的技能、管理与解决冲突的能力。

尽管在生命科学领域中，个人的领导力与人际沟通技能可能不是关注的焦点，但对于任何职业而言，这些技能都是典型的工作技能。因此，从业人员尤其应该重视在这些"软技能"方面的发展，这必将有助于个人的职业发展以及新药研发进程的成功。

总之，生物制药研发领域对人类疾病的治疗产生了深远影响，为医药专业人员提供了极具吸引力的职业机会。个人在此领域中能够成长为杰出的科学家和卓越的领导者。因此，在这样一个快速发展且高度合作的职业环境中，从业人员必须具备深厚且广泛的专业知识储备、熟练掌握实验技能、深刻理解药物研发与临床实践的全过程，以及不断提升个人领导力和人际沟通能力。

二、发现个人优势

在职业发展领域，"优势"通常被定义为个体表现出卓越能力的领域。从积极心理学视角来看，优势更准确的定义是能够激发个体效能感和内在力量的活动或能力。

优势理论中有一个具有实践指导意义的"SIGN"模型。该模型名称来源于四个关键维度的英文首字母，为个体系统识别自身优势、兴趣和潜能提供了科学框架。

（一）识别成功（S）

在 SIGN 模型中，"S"代表成功（success），反映个体在特定领域的自我效能感。这种效能感表现为能够快速掌握新技能、有效解决复杂问题，或在特定任务中表现出卓越绩效。高自我效能感的个体往往对这些领域充满信心，相信自己能够取得成功。

（二）倾听直觉（I）

在 SIGN 模型中，"I"代表直觉（instinct），反映个体对特定活动的内在倾向性。这种倾向性表现为在未受外部激励的情况下，个体自发产生强烈的参与意愿和行为动机。例如，具有设计天赋的学生往往会主动探索各类设计软件和技巧，这种自发性的投入行为正是其职业潜能的体现。

（三）快速成长（G）

在 SIGN 模型中，"G"代表成长（growth），反映个体在特定领域的学习效能。这种效能表现为在相关活动中表现出高度专注力、强烈求知欲和快速学习能力。例如，相较于其他学科，某学生在编程学习中展现出更快的概念理解和技能掌握速度，这种差异化的学习效能往往预示着其在技术领域的潜在优势。

（四）满足需求（N）

在 SIGN 模型中，"N"代表需求（need），反映个体在特定活动中获得的内在满足感和自我实现。

这种心理体验表现为在完成相关活动后，个体会产生强烈的成就感和价值认同。例如，从事社区服务的学生在帮助他人的过程中体验到深层次的心理满足，这种积极的情感反馈往往预示着其在社会服务领域的职业适配。

SIGN 模型为个体提供了系统化的自我认知工具，有助于深入识别个人优势领域和内在动机来源。通过该模型的应用，个体能够做出与自身天赋潜能和职业兴趣契合的职业决策。这一模型不仅能够有效识别个体的核心竞争力，还能引导个体关注那些能够产生持续内在激励和深层职业满足感的职业活动。

三、扩大个人优势

在当今这个快速变化的时代，个人优势已成为职业成功和持续发展的关键要素。然而，如何系统性地提升这些优势并将其转化为可持续的竞争优势，是每个个体面临的重要课题。"刻意练习"这一概念的提出为我们在追求个人优势扩大的过程中提供了一种有效的方法。该练习方法的核心假设是，专家级水平是通过持续的训练逐渐达成的，而实现有效进步的关键在于设计一系列小任务，并让受训者按顺序完成。这些小任务必须是受训者尚未掌握但通过学习能够掌握的。完成此类练习要求受训者保持高度集中的注意力，这与那些例行公事或带有娱乐性质的练习存在本质区别。

将刻意练习理论应用于扩大个人优势，需要重点关注以下几个关键要素。

（一）在"学习区"练习

根据技能习得理论，个体的能力发展可分为三个渐进区域：舒适区代表已完全掌握的技能，恐慌区是超出当前能力的范围，而学习区则是具有适度挑战性的最佳练习区域。个体可以通过任务执行时的心理状态进行自我评估：轻松自如表明处于舒适区，适度挑战且能够完成的任务属于学习区，而引发强烈焦虑感的任务则可能进入了恐慌区。有效的刻意练习应当在专业指导者的协助下，精准定位在学习区内进行，并通过渐进式挑战策略，在某一技能达到熟练水平后及时提升任务难度，进入新的学习区，从而实现能力的持续提升和最大化练习效果。

（二）结构化重复训练

刻意练习理论强调通过结构化重复训练来掌握复杂技能，这种方法在多个专业领域得到广泛应用。在商业教育中，MBA 课程采用案例教学法，要求学员每周分析大量真实商业案例，通过反复练习决策制订和问题解决来提升商业思维能力。在技能习得过程中，"分块练习法"被证明是有效的训练策略：首先观察专家完成整个技能的过程，然后将复杂技能分解为可管理的小单元，通过慢动作练习感知技能的内部结构并纠正错误，最后逐步加速完成整个技能。这种强调质量而非数量的训练方法，通过有意识地、专注地重复来建立正确的技能模式，体现了"从模拟到实战"的训练理念，为个人优势的持续发展提供了科学的方法论指导。

（三）持续获得有效的反馈

刻意练习的成功实施依赖于有效的反馈机制。缺乏有效反馈的练习难以带来实质性进步，甚至可能导致对练习效果的漠视。刻意练习的核心是对错误的高度敏感性，练习者需对错误保持极度敏感，持续练习直至错误得以纠正。

优秀的反馈者，如专业教练或教师，能提供及时、准确、有效、持续的反馈，帮助练习者及时发现并纠正错误。自我反馈是反馈机制的最高境界，即练习者能够自己给自己当教练。高手会以旁观者的角度观察自己的表现，设定具体的小目标，对错误保持高度敏感，并不断寻求改进方法，通过自我监控和自我调整，确保每次练习都能取得实际进步。

（四）练习时精神高度集中

保持良好的注意力是大脑进行感知、记忆、思维等认知活动的基本条件。在学习及技能练习过程中，注意力被视为打开心灵的门户，且是唯一的门户。注意力集中程度越高，学习效率和知识吸收量就越大。反之，若注意力涣散或无法集中，心灵的门户将关闭，导致有用的知识信息无法有效进入。在专业学习中保持高度集中的精神状态，对于提高学习效率至关重要。

要实现精神高度集中，首先需要营造一个安静、整洁的学习环境，以降低外界干扰。其次，设定明确且具体的学习目标与任务，为大脑提供清晰的指引和动力源泉。合理规划学习时间，避免因长时间学习而引发疲劳和注意力下降。此外，排除干扰因素，如关闭不必要的电子设备通知，妥善管理情绪与杂念。最后，保持良好的身体状态，充足的睡眠、均衡的饮食和适量的运动均能为大脑的专注力与活力提供有力支撑。

四、实现终身成长

（一）终身成长理念

终身成长理念作为个人持续发展的核心驱动力，强调通过持续学习实现职业成就和发展潜力的提升，其核心价值包括韧性培养、持续改进和自我超越。古人云："九层之台，起于累土，千里之行，始于足下。"这种理念与中国古代哲学强调的渐进式发展观不谋而合，其本质在于通过积累效应实现质的飞跃，以内在驱动而非外部竞争为目标，专注于个人进步而非他人成就，并通过持续精进推动发展。终身成长理念强调个人发展的可持续性和独特性，鼓励每个人在认可和强化每个进步的过程中，走出属于自己的发展道路。这种理念能够帮助个体在面对挫折时保持积极态度，在成功时不满足于现状，始终以超越昨日自我为目标，实现真正的持续成长。

（二）成长型思维的定义

有行为心理学家将个体的认知模式分为固定型思维和成长型思维，其中成长型思维认为智力是可塑的，可以通过持续学习和努力得到提升。这种思维模式具有可塑性认知、积极应对、目标导向、持续激活和内化形成等特征，它能够促进个体以乐观态度面对挑战和挫折，调动身心资源实现目标，保持思维活跃度和创造力，并通过实践将积极思维模式转化为稳定的认知结构，最终促进个体的全面发展，激发潜在能力，培养创新思维，形成积极的自我认知和行为模式。

（三）成长型思维与固定型思维的对比

成长型思维与固定型思维作为两种根本不同的认知框架，深刻影响着个体在应对生活挑战和发展机遇时的自我认知、行为模式和潜能实现。这两种思维模式在多个维度上表现出差异，具体对比见表4-5。

表4-5　成长型思维与固定型思维的对比

方面	固定型思维模式	成长型思维模式
对挑战的态度	他们只愿意做自己擅长的事情，习惯性地回避挑战，遭遇阻力时容易放弃，因为他们害怕失败	他们认为挑战可以帮助人们学习和成长，挑战失败不意味着"我是个不聪明的人"，而是"我还有成长的空间"，挑战越大，发挥的潜能越大
对努力的态度	他们潜意识里支持"天赋决定论"，虽然自己会努力赢得成功，但会掩盖甚至是轻视这种努力。因为他们害怕面对努力却依然失败的结果，付出努力本身会让才华得到质疑，而且如果努力失败，就会失去借口（否则可以借口说自己只是没有努力）	坚信努力是取得成功和进步的必经之路
对能力的态度	他们坚信能力是可以通过一场考试来测试	他们认为没有经过长期的训练和努力，能力（尤其是未来将会发展的能力）不可能被测试，能力是在实践中形成、锻炼并且得到提升

续表

方面	固定型思维模式	成长型思维模式
对缺点的态度	他们宁愿获得短暂的成就感也不想暴露自己的不足	挑战和失败可以暴露不足,而弥补这些不足就是下一个努力目标
对反馈信息的态度	如果反馈信息能够反映他们的能力水平,这样的信息往往更能激发他们的情绪反应:因积极反馈而异常兴奋,因消极反馈而倍受打击	他们对能够增强自身能力的反馈信息更加关注
对意见的态度	他们不太理会批评性意见,即便是对自己有益	欢迎批评性意见,尽力改进自己的行为
对别人取得成功的态度	如果别人取得成功,他们认为别人拥有天赋而非努力所得,并会感觉自身受到威胁	从他人的成功中学习、寻找经验、获得激励

　　通过系统对比分析,可以清晰地识别成长型思维与固定型思维的差异,成长型思维模式能够激发个体的潜能认知和发展动机,而固定型思维模式则可能导致能力固化认知和回避倾向,使个体对挑战产生恐惧,低估努力的价值。深入理解这些差异对于培养和维持成长型思维具有重要指导意义,为个体实现持续成长和终身发展提供了认知基础。

　　（四）成长型思维的培养方法

　　1. 大脑具有可塑性　　大脑,如同肌肉一般,具备通过训练而增强自身能力的特性。大脑中,神经元之间负责传递信息的结构称为"突触"。突触会依据外界环境的刺激而不断生长与变化。每当个体突破自身的舒适区,去学习新的知识或迎接新的挑战时,大脑便会形成新的突触。而当个体对已有的知识和技能进行强化训练时,这些突触则会得到进一步的巩固与加强。大脑灰质,作为衡量大脑智力水平的重要物质基础,正是由这些新形成的突触逐渐累积而成。因此,通过持续的思维训练,个体能够有效提升大脑的智力水平,变得更加聪明。

　　2. 行动以过程为导向　　在追求目标的过程中,遭遇困难是常态。然而,若将注意力过度集中在目标本身,一旦遇到挫折,便容易产生目标遥不可及的错觉,进而影响持续行动的决心。例如,一位学生渴望提升演讲能力,但在一次公开场合发言时表现不佳,甚至引发哄笑,这让他倍感挫折,甚至怀疑自己是否适合演讲。然而,这种挫折感往往源于思维方式的偏差。正确的做法是以过程为导向,而非单纯以结果为导向。

　　以过程为导向,意味着将关注点聚焦于实现目标的整个过程。以提升演讲能力为例,这一过程涉及多个关键节点,如克服心理障碍、提升讲话的条理性、增强与观众的互动等。若这位学生以过程为导向,便能将此次公开演讲视为突破心理障碍的训练,而非单纯的结果评估。如此一来,他不仅不会感到受挫,反而会觉得离目标更近了一步。

　　过程导向思维能够培养耐心和专注力,使个体关注当下任务、享受学习过程并建立积极反馈循环,通过持续实践建立成长型思维,在实现目标的过程中获得持续的成就感和自信心,从而增强心理韧性,逐步实现技能分解的各个目标。

　　3. 敢于跳出舒适区　　舒适区作为个体感到熟悉、安全和可控的心理行为空间,其适度突破能够带来认知重构、能力拓展和自我效能感提升等积极影响。这种突破能够促进固定型思维向成长型思维转变,开发潜在能力和新技能,并通过成功经验建立信心。成长型思维个体在突破舒适区时表现出挑战导向、过程聚焦和持续改进等特征。以体能训练为例,这一过程包括目标设定,如一个月内完成100个俯卧撑;渐进训练,从10个逐步增加到100个;能力提升,增强力量和改善体态,以及心理成长,建立自信和毅力,最终促进身心能力的全面提升,为个人发展创造新的可能性。

第二节　积累个人资源

一、整合个人优势

反木桶理论，亦称长板理论或多腿凳定律，是对传统木桶原理的创新性发展，该理论源于木桶原理，木桶原理强调系统的整体效能受制于最薄弱环节，提升系统效能的关键在于弥补短板，并将资源优先投入最薄弱环节。与传统木桶原理不同，反木桶理论提出了一种新的效能提升思路，强调发挥长板优势的重要性，为系统优化提供了新的视角和方法论指导。

反木桶理论强调，木桶或组织的特色与优势往往由其最长的一根木板所决定。在一个特定的小范围内，最长的木板能够成为制高点，帮助组织或个体脱颖而出。这一理论与传统的木桶原理形成鲜明对比，鼓励打破传统框架和思维定势，寻求新的突破点和增长点。

反木桶理论的核心内容是特色突显与优势发挥，强调组织或个体应专注于其最长的木板，即最具特色和优势的部分，通过发挥这些优势来建立自己的核心竞争力和市场地位。

反木桶理论的精髓在于以下几点。①找准特色与优势：组织或个体需清晰地识别自身的特色和优势所在，这是发挥长板效应的前提条件。②精益求精：在明确特色和优势后，组织或个体需持续加强和优化这些部分，使其更加突出并具有更强的竞争力。③创新突破：通过创新手段打破现有格局和竞争态势，以特色和优势为突破口，开拓新的市场空间。

反木桶理论为个人在职业生涯与个人发展中提供了明确的方向指引。在当今这个充满不确定性和快速变化的时代背景下，个人不应仅仅局限于修补自身的短板，而应更加关注如何放大那些能够使其与众不同的长处。通过持续强化自身的长板，个人能够更好地适应环境的变化，抓住机遇，在激烈的竞争中脱颖而出，实现个人价值的最大化。因此，在个人成长与职业规划中，应践行反木桶理论的思想，聚焦于自身的优势领域，努力成为该领域的佼佼者，以此构建起持久的竞争优势。

二、善用环境资源

（一）理解环境资源的重要性

在职业生涯规划中，"环境资源"不仅指自然界的物质资源，更广泛地涵盖了社会环境中的人脉网络、信息渠道、教育与培训机会等非物质资源。这些资源对个人职业发展具有至关重要的作用，因为它们构成了个体成长所需的外部支持系统。有效利用环境资源能够帮助个体更好地适应职场变化，抓住发展机遇，并加速职业晋升的步伐。

（二）识别并利用有利的外部条件

1. 构建专业社交网络　构建一个强大的职业社交网络是积累环境资源的重要途径之一。相关研究显示，良好的人际关系能够为个人提供更多的就业机会和发展空间。通过参加行业会议、加入专业协会或参与在线社区等方式，个人可以结识同领域的专家和同行，建立起互信互助的关系。这些专业社交网络不仅可以在求职时提供帮助，还能成为长期的合作伙伴，共同探索新的商业机会和技术趋势。

2. 挖掘潜在的信息来源　在当今快速变化的职业环境中，信息的重要性不言而喻。及时获取准确的信息，往往意味着掌握了先机。因此，除了关注官方发布的政策法规外，个人还应善于利用多种信息渠道，以获取全面且及时的行业动态。这些渠道包括但不限于社交媒体平台、新闻网站以及订阅专业的电子报。此外，积极参与论坛讨论、阅读行业报告也是深入了解市场现状的有效手段。掌握足够多的信息，有助于个人做出明智的职业决策，避免因盲目跟风而造成失误。

3. 获取持续的学习与培训机会　在当今时代，随着科技的飞速进步和社会的不断发展，终身学习已成为现代人必备的生活态度。为了保持竞争力，个人必须不断更新自己的知识结构和技术能力。许多企业为员工提供了内部培训课程，同时也有众多第三方机构开设了针对特定技能的专业认证课程。积极申请参加这些活动，不仅能够显著提升个人的专业素养，还能有效拓展视野，结识更多志同道合的专业人士。

（三）整合内外部资源实现协同发展

1. 结合自身特点寻求高匹配度岗位　在积累丰富的环境资源后，关键在于如何将这些资源有效应用于实际工作中。首先，个人需明确自身的兴趣爱好、性格特质及职业目标，进而依据这些要素筛选出最适合自己的工作类型。例如，若个人擅长沟通协调且喜欢挑战性任务，销售类职位可能是一个较为合适的选择；而若个人倾向于安静独立的工作氛围，则研发工程师等岗位或许更为契合。唯有找到自身与职位之间的最佳契合点，方能最大限度地发挥潜力，取得理想的职业成就。

2. 利用现有资源解决遇到的问题　无论是在校期间还是进入职场，每个人均可能面临各种困难与挑战。在此情境下，合理运用已有的环境资源显得尤为重要。例如，当对某个项目感到困惑时，可向导师请教或查阅相关学术文献；计划提升某项技能，如演讲技能、PPT 制作等，可通过报名参加短期培训班来弥补不足。此外，从每次的失败中学习，总结经验教训，逐步建立起一套适合自己的问题解决框架，是提升个人能力的重要途径。建立解决问题的框架需要首先明确问题并收集相关信息，然后深入分析问题的根本原因和影响。接下来，通过头脑风暴和评估来制订并选择最佳解决方案，制订详细的行动计划并执行。在实施过程中，持续监控进展并根据需要调整方案。最后，对整个过程进行评估和总结，从中学习经验教训，以便在将来遇到类似问题时能够有效应对。通过上述方法，我们能够更加充分地运用现有资源，克服困难，实现自我成长。

3. 主动创造有利于发展的新机遇　个人不应仅仅满足于被动接受现有的资源，而应勇于尝试新鲜事物，主动为自己创造更多的可能性。这包括但不限于发起社团活动、参与志愿者服务、开展个人项目等。每一次勇敢地突破舒适区的经历，都是珍贵的人生财富。这些经历不仅能够提升个人的综合能力，还常常带来意外的惊喜和收获。

🔗 **知识拓展** ---

如何有效挖掘线上资源

在当今数字化时代，网络作为信息获取和知识学习的重要渠道，为个人职业发展提供了丰富的线上资源。大学生应积极参加与未来职业领域相关的在线社群，以便尽早接触和了解目标行业。这些社群可能包括专业论坛、社交媒体群组或行业特定的在线平台。对于有意从事学术研究的个人，可以通过社交媒体网站或专业公众号，获取关于课题申报、选题策略、论文结构构建等方面的专题讲座和文章。如果希望从事专业型和社会型道路，选择正确的行业至关重要。应密切关注行业动态，及时了解行业前沿信息。可以通过订阅行业相关的公众号、访问行业领先企业的官方网站和社交媒体账号，以及参与职场交流平台来实现。对于对社会管理感兴趣，有志成为国家公职人员的个人，应多关注政府官方网站，以了解国家政策和方针。

三、打造个人品牌

（一）打造个人品牌的重要性

在 21 世纪的职业发展环境中，个人品牌建设已成为核心竞争力的重要组成部分，现代职业发展观强调价值可视化、差异化定位和战略性传播，通过将个人能力转化为可识别的品牌价值、建立独特的职业形象和定位，以及主动进行个人价值传播，帮助个体在职场中脱颖而出。有效的个人品牌应具备能力基础、独特价值主张和市场认知度等特征，即扎实的专业技能和知识储备、明确的差异化优势以及在目标群体中的知名度和美誉度，这种品牌建设能够提升个人的职业可见度，在机会来临时成为首选对象，从而实现职业发展的最大化。

（二）打造个人品牌的方法

1. 精准定位，锚定品牌坐标

（1）自我认知，挖掘独特优势　大学生需深入探索自身特质，通过职业测评、反思过往经历、参与多样化活动等途径，全面挖掘自身在专业技能、兴趣爱好、性格特质等方面的优势，例如在数据分析方面的专长、卓越的沟通能力、丰富的创造力等。这些优势是构建个人品牌的基础。

（2）市场调研，对接社会需求　在完成自我认知的基础上，大学生应深入调研就业市场，了解不同行业、企业的人才需求特点。具体调研方式包括查阅行业报告、参加招聘会、与企业人力资源部门或职场人士进行交流等。例如，互联网行业高度重视技术创新与快速学习能力，金融行业注重专业素养与严谨的逻辑思维，创意产业则要求具备创新思维与艺术审美。通过精准对接社会需求，为个人品牌找到合适的定位，使品牌建设更具针对性与实效性。

2. 专业赋能，筑牢品牌根基

（1）深耕专业学习，夯实知识储备　扎实的专业知识是个人品牌核心支撑。大学生要充分利用在校时光，深入钻研专业课程，掌握核心理论与前沿动态。如计算机专业学生要熟练掌握编程语言、数据结构、算法等基础知识，关注人工智能、大数据等前沿技术；市场营销专业学生要精通市场分析、品牌策划、消费者行为学等核心课程，了解最新营销策略与传播手段。不断积累专业知识，为个人品牌注入"学术基因"，在专业领域建立权威与信任。

（2）参与实践项目，锤炼实操技能　理论与实践的紧密结合是提升个人品牌含金量的关键。大学生应积极投身于各类实践项目，如学校实验室课题、校外企业实习、专业竞赛等。在实践过程中，将所学理论知识应用于实际问题的解决，从而锤炼实操技能与创新能力。例如，参与科研项目能够有效锻炼科研思维与实验操作能力；参加企业实习则有助于深入了解职场运作模式，提升项目管理、团队协作等职场必备技能。丰富的实践经验不仅是个人品牌的有力证明，更是检验并强化专业能力的重要手段，使大学生在激烈的职场竞争中脱颖而出，占据优势地位。

3. 形象塑造，提升品牌价值

（1）外在形象，打造得体个人标识　外在形象是个人品牌的第一印象，对初次接触者产生重要影响。大学生应注重仪容仪表、着装打扮等细节，根据不同场合与职业要求选择合适的着装风格。例如，在参加正式商务洽谈或职场面试时，应选择正装，以展现专业严谨的形象；而在创意行业或日常校园生活中，则可选择休闲装，彰显个性与活力。此外，良好的仪态举止，如自信的眼神、得体的微笑、稳健的步伐等，也能为个人品牌增添魅力，展现积极态度与专业素养。

（2）内在品质，修炼核心素养　内在品质是个人品牌的核心要素，堪称个人品牌的"灵魂"。大学生应致力于培养诚实守信、积极向上、勇于担当等优秀品质。诚实守信是职场立足的根本，在团队合作或客户沟通中，应确保言行一致、守信守约。积极向上的心态能够帮助大学生在面对困难与挑战时保持乐观、坚持不懈，展现出强大的心理韧性。勇于担当则意味着在关键时刻能够挺身而出，承担责任，解决问题，从而赢得他人的信任与尊重。这些内在品质如同个人品牌的"磁石"，能够吸引他人靠近并建立合作关系。

4. 社交拓展，织密品牌网络

（1）校内社交，积累人脉资源　校园是大学生社交的"第一站"。大学生应积极参与班级、社团、学生组织等集体活动，与不同专业背景的同学建立友谊和合作关系。例如，通过社团活动结识志同道合的朋友，锻炼组织协调和沟通交流能力；在学生组织中与优秀学长学姐、老师建立联系，获得指导和帮助。校内人脉资源是个人品牌的重要"助推器"，为大学生提供了信息分享、资源共享、互助成长的平台。

（2）校外拓展，链接多元资源　走出校园，大学生要积极主动地拓展校外社交圈。通过参与行业交流会、专业讲座、志愿者服务等活动，结识企业高管、行业专家、职场前辈等社会人士。例如，在行业交流会上，大学生可以向企业高管请教关于行业趋势与人才需求的看法，了解职场对个人品牌的要求；在志愿者服务中，与不同领域的志愿者协作，培养团队精神与社会责任感，积累社会经验与人脉资源。校外资源是个人品牌建设的"加油站"，为职业发展提供广阔的平台与更多可能性。

5. 持续优化，保持品牌活力

（1）反思总结，及时调整策略　个人品牌建设是一个动态的过程，大学生应定期进行反思与总结。通过回顾学习、实践、社交等多方面的经历，全面评估个人品牌的建设成效与存在的问题。例如，反思在团队项目中的表现，分析是否充分发挥了个人优势，团队协作是否顺畅；在社交活动中，是否有效拓展了人脉资源，互动是否真诚且有深度。通过深入的反思与总结，大学生能够及时调整个人品牌建设的策略与方向，确保其与自身发展需求及外部环境的变化保持一致。

（2）终身学习，不断升级能力　大学生应树立终身学习的理念，通过阅读专业书籍、关注行业资讯、参加在线课程等方式，不断学习新知识、新技能，以提升专业素养与综合素质。例如，学习新媒体运营、跨文化交流、项目管理等新兴领域的知识，拓宽能力边界；掌握数据分析工具、编程语言、设计软件等实用技能，增强自身竞争力。持续学习为个人品牌注入"新鲜血液"，使其始终保持活力与吸引力。

行动体验

参考范例

我的高光时刻

活动目标

通过深入挖掘个人经历中具有显著成就感和满足感的事件，识别自身的能力倾向和优势领域。

活动说明

参照表4-6的要求，挖掘你个人经历中具有显著成就感和满足感的事件。

表4-6 高光时刻SAW

方面	问题		
故事 （场景和行动） story	当时是什么情境，具体发生了什么？哪些细节让你印象深刻	如何看待你的这些高光时刻？显示了你的哪些特质？这对你来说意味着什么	这些特质会给你的生涯发展带来哪些价值？你觉得未来做什么比较有意义
	你是怎么想的？做了什么？是什么让你有成就感		
	最终结果如何？你是怎么做到的		
优势 （不同视角） advantage	通过这件事，你对自己的特质有什么发现		
	当时在场的有哪些人？他们是如何评价你的		
	如果对你比较重要的人知道这件事，他会怎么评价你		
智慧 （迁移应用） wisdom	哪些场景/领域可以运用你的优势		
	怎么能够维持、运用和突出这些优势		

活动总结

通过参与"高光时刻"体验活动，得以系统回顾自身成长历程中的重要瞬间，深入体会成就感与满足感所带来的积极影响。在撰写成就故事的过程中，个人能够更加清晰地识别自身在特定情境下的优势与擅长领域，进而深化对自身潜能与兴趣的了解。这种深度的自我认知，对于个人在未来的学习与职业发展过程中，精准发挥自身优势、做出契合自身特长的选择与决策，具有重要的指导意义。

书网融合……

微课　　　　　　习题　　　　　本章小结

第五章　进行职业抉择

PPT

学习目标

1. 通过本章学习，掌握合理决策的方法；熟悉丁克里奇个体决策风格、理性决策与非理性生涯决策理论；了解职业发展路径类型。

2. 具有做出合理决策的能力，具有通过生涯体验验证个人生涯规划的能力。

3. 树立对偶发事件的开放态度，善于发现并把握其中蕴含的机遇，以此为自己创造更多的幸运和可能性。

第一节　选择职业发展路径

在当今多元化且竞争激烈的社会环境中，大学生面临着多种职业发展路径的选择。这些路径不仅影响着他们的职业前景，还决定了其未来的生活方式和职业满意度。因此，选择适合自己的职业发展路径对于大学生的职业生涯具有至关重要的意义。以下是对大学生职业发展路径的总体概括以及对学术型、技术型和综合型三种主要路径的基本介绍。

一、学术型

学术型职业发展路径是指学生在完成本科教育后，继续攻读硕士和博士学位，并在毕业后进入高校或科研院所从事教学和科研工作。这一路径适合对学术研究有浓厚兴趣且具备较强研究能力的学生。例如，若学生主修数学专业，并确定未来的职业发展方向以学术研究为核心，则毕业后应选择继续深造，报考研究机构以攻读硕士及博士学位。完成博士学位后，通常会选择加入知名高校或科研团队，从事博士后研究工作。最终，将入职高校或科研机构，担任教师或科研人员的职位，这便是学术型职业发展路径。学术型职业的核心在于在选定的学科领域内不断探索和创新，通过科研工作推动学科前沿的发展，并将研究成果传授给学生，培养下一代学术人才。

二、技术型

技术型人才是指在经过系统专业训练后，凭借高水平职业技能解决特定领域专业问题的高级专业人员。此类人才涵盖多个领域，包括但不限于医生、护士、药剂师、律师、法官、检察官、工程师、建筑师、工程咨询师、设计师、会计师、分析师、统计师、精算师、证券期货交易师、翻译、中小学教师、心理咨询师、社会工作者等。与学术型人才不同，技术型人才的工作重点在于运用专业知识解决经济、社会发展以及人们健康、教育等领域的现实问题。

技术型人才是本科毕业生的重要职业发展方向之一。大多数工科、商科、农学、医学、法学、管理学的学生毕业后将成长为技术型人才。例如，计算机专业的学生可凭借硬件或软件方面的专长进入互联网企业，成为工程师；法学专业的学生凭借对法律知识的掌握进入司法系统，可以成为法官、检察官或律师；财会专业的学生可通过会计师考试成为注册会计师。

与学术型人才通常要求博士学历不同，技术型人才对学历的要求相对较低。虽然部分专业领域对专业知识和技术水平要求较高，需要硕士学位或博士学位才能进入，如执业医生等，但大多数领域本科毕业即可进入。例如，会计师、工程师、设计师、咨询师等职业的准入门槛主要不是学历，而是职业资格。

职业资格是指政府部门或其授权的行业协会根据专门法律法规制定的职业从业资格要求，涵盖职业道德、专业知识和专业技能等方面。2021年，人力资源和社会保障部公布了《国家职业资格目录（2021年版）》，其中专业技术人员职业资格共59项，包括准入类33项和水平评价类26项。准入类职业资格涉及公共利益或国家安全、公共安全、人身健康、生命财产安全等，如教师、律师、注册建筑师、监理工程师等，均有法律法规或国务院决议作为设立依据。水平评价类职业资格则具有较强的专业性和社会通用性，技术技能要求较高，旨在满足行业管理和人才队伍建设需要，但无强制性准入要求，如资产评估师、社会工作者、通信技术人员等。及时了解本专业对应的职业资格，并根据职业资格的要求设计职业规划和学业规划，是大学生的"必修课"之一。

三、综合型

综合型职业发展方向是以综合素质能力为核心的发展路径，强调人际能力和管理能力，对专业技术要求相对宽松，其核心能力包括沟通表达能力、团队协作能力和组织管理能力。典型职业涵盖公共部门的综合管理类公务员、选调生和基层服务人员，企业部门的管理培训生、市场营销、客户服务和行政管理，以及社会组织的非营利机构管理人员。这种职业方向适合具有较强社会智能和组织协调能力的个体，为其提供了广阔的职业发展空间，在职业选择和发展中应重点关注这些核心能力的培养和提升。

第二节　做出生涯决策

决策是指为达到一定目标，从两种以上的可行方案中选择一个合理方案的分析判断过程。生涯决策（career decision–making）作为职业生涯规划中的关键环节，是指个体通过系统化的认知过程做出职业选择，这一过程包括信息整合，收集并分析自我认知和职业环境信息；方案评估，权衡各种职业选择的可能性；行为承诺，做出明确的职业选择决定。在大学生活中，生涯决策贯穿于学业决策如专业选择和课程选修、实践决策如实习选择和项目参与，以及职业决策如就业方向和职业定位等多个重要节点。生涯决策衔接当前学习与未来职业，促进职业能力的系统提升，帮助实现个人与职业的最佳匹配。因此，生涯决策不仅是一个选择结果，更是一个持续发展的过程，对大学生的职业成功具有深远影响。

一、丁克里奇的个体决策风格分类

在心理学和行为科学领域，个体决策风格的研究一直是重要的课题。决策风格不仅影响个人在日常生活中的选择，还在职业发展、学术研究以及组织管理中发挥着关键作用。理解个体决策风格的差异，有助于更好地预测和指导个人行为，提升决策质量。美国心理学家丁克里奇（Dinklage）通过系统性访谈研究，提出了个体决策风格的八种类型。这一分类为理解个体在面对选择时的行为模式提供了重要的理论基础。

（一）烦恼型

在决策过程中，部分大学生呈现出明显的烦恼型决策风格。此类学生在决策时表现出对信息的强烈需求，倾向于广泛搜集各类相关信息。然而，在利用这些信息时，他们往往容易陷入过度担忧和焦虑之中。尽管投入了大量时间和精力用于搜集信息、了解各种选项、向咨询师寻求意见，并反复权衡比较，但最终仍难以做出明确的决策。对于烦恼型大学生而言，即便进行了大量信息的收集与深入的分析比较，其决策效果依然不尽如人意。因此，建议此类学生深入反思，识别并分析究竟是哪些情绪和非理性观念在作祟，从而导致其在决策过程中犹豫不决。

（二）冲动型

冲动型决策是部分大学生在职业选择过程中表现出的一种决策风格。此类学生倾向于迅速选择第一个能够实现的职业目标，而不愿进一步考虑其他选项或继续收集信息。这种决策方式通常基于"先找到一份工作再说"的想法，缺乏对职业选择的深入思考和全面评估。当出现更合适的职业机会时，可能会产生强烈的后悔情绪。建议冲动型决策者在做出职业选择前，进行全面的信息收集和分析。通过深入了解不同职业路径的特点和要求，确保选择的职业目标符合个人兴趣和职业规划。

（三）直觉型

在决策过程中，部分大学生倾向于采取直觉型决策方式。此类学生倾向于将直觉感受作为决策的主要依据，尤其在信息有限的情况下，这种决策方式可能具有一定的有效性。然而，直觉型决策在可行性和规划的延展性方面可能存在问题，选择的职业路径在实际操作中难以实现，甚至可能因个人偏见而与职业目标产生较大偏差。因此，建议此类学生调整决策风格，以提高决策的科学性和准确性。

（四）拖延型

呈现拖延型决策风格的大学生通常时间观念较差，倾向于不断推迟决策，直至最后一刻才匆忙做出选择，甚至可能因时间紧迫而被迫做出不适合自己的决策。这种决策方式不仅增加了决策的难度，还可能导致错过更合适的职业机会。为改善这种决策风格，建议拖延型决策者增强时间观念，合理规划决策过程的时间节点，通过设定明确的时间表和阶段性目标，确保在规定时间内完成决策。

（五）宿命型

宿命型决策者倾向于将决策权交给他人或命运，认为无论做出何种选择，结果都是一样的，往往只有在机会出现时才作出决定。这种决策方式可能导致学生在职业选择过程中表现出较大的无助感，容易成为外部环境变化的被动接受者。因此，建议此类学生主动表达自己的决策困惑，以寻求帮助或鼓励，从而提升决策的主动性和科学性。

（六）顺从型

顺从型决策是部分大学生在职业选择过程中表现出的一种决策风格。此类学生虽然有意愿做出决策，但往往难以坚持自己的观点，容易屈从于他人的意见或跟随大多数人的选择。这种决策方式可能导致学生在群体中获得安全感，但同时也可能忽略自身的独特性，从而导致决策结果与未来职业发展不匹配。顺从型决策者需增强决策的自主性，积极表达自己的观点和想法，避免因过度依赖他人意见而忽略自身需求。通过独立思考和分析，从而在面对职业选择时可以更加从容和自信。

（七）瘫痪型

瘫痪型决策者在接受决策任务时，常因压力而陷入过度焦虑，对决策结果产生担忧，甚至因不愿承担结果而选择停滞不前，以此逃避决策。为改善这种决策风格，可通过压力管理降低决策焦虑，敢于为自己的选择负责，从小决策开始练习，逐步克服决策瘫痪，促进个体在职业发展中的决策效能。

（八）计划型

计划型决策者能够准确、全面地阐述职业目标的选择标准和依据，从而做出适当且明智的决策。这种决策风格体现了成熟的职业发展观，决策者认识到决策对个人职业生涯发展的重要性，通过系统化的信息收集、理性分析、主动解决问题和动态调整，能够实现职业选择与个人特质的良好匹配，确保职业发展的可持续性和决策满意度，值得在大学生中推广和培养。

二、生涯决策相关理论

（一）理性决策

理性决策理论源自经济学领域，其中理性假设是经济理论构建过程中关于个体行为的基本前提。在传统经济理论中，提出了"经济人"这一理想化假设。"经济人"被假定为完全理性的个体，具备清晰且稳定的目标与偏好，并拥有卓越的计算与分析能力。这使得"经济人"能够在面对多种选择时，精确评估每个选项的潜在收益与成本，从而挑选出能够最大程度地实现自身利益最大化的方案。因此，"经济人"在做出行为选择时是"完全理性"的，即决策者按照"自身效用最大化"的最优原则进行决策。在生涯决策中，理性决策理论提供了一种系统化的方法，帮助个体在面对职业选择、教育路径、职业发展等关键决策时，做出科学、合理的决策。

1. 社会学习理论

（1）职业选择的影响因素　有心理学家在职业生涯决策的社会学习理论中指出，职业选择过程受到四类因素的影响：第一，遗传天赋和特殊能力（如内在素质、身体障碍、音乐和艺术能力等），这些因素构成了个体在职业选择中的先天优势或限制；第二，环境条件与事件（如劳动法规、技术进步、社会结构变化、家庭资源等），这些外部因素对职业选择产生重要影响，塑造了职业选择的外部环境；第三，学习的经验（包括各种工具性学习、行为和认知反应、观察学习等），这些经验影响个体的职业认知和行为模式，进而影响职业选择；第四，完成任务的技能（如设定目标、工作习惯、情绪反应方式等），这些技能影响个体在职业选择中的决策能力和行动能力。

（2）生涯决策模式的 7 步骤　有学者提出的生涯决策模式包括七个步骤（图 5-1）。

第一，界定问题：明确需要完成的决策内容，估计完成决策所需的时间，并设定确切的时间表，以确保决策过程的有序进行。

第二，拟订行动计划：描述为完成决策所需采取的具体行动步骤，估计每一步所需的时间及完成的期限，确保决策过程的可操作性。

第三，澄清价值：描述个人将采用哪些标准来评价各种可能的选择。这些标准包括个人价值观、职业目标、生活需求等，以确保选择符合个人的核心价值和长期目标。

图 5-1　生涯决策模式的 7 步骤

第四，描述可能的选择：列出所有可能的职业选择，并对每个选择进行详细描述，避免因信息不足而遗漏重要选项。

第五，评价各种选择：依据设定的选择标准，逐一评价各种可能的选择，分析每种选择的潜在结果，即评估每种选择的可行性和优劣。

第六，比较选择方案：比较各种选择方案，评估其符合个人价值标准的程度，从中选择最符合决策者理想和目标的方案，以确定最优选择。

第七，制订实施计划：描述将采取的具体行动步骤，以实现选定的目标，将决策转化为实际行动，确保决策的有效实施。

2. 认知信息加工理论　认知信息加工理论认为，个体的生涯发展问题及其解决过程类似于认知信息加工的过程。为了提升个体解决生涯发展问题的能力，可以通过增强其信息加工能力来实现。该理论的研究者，根据生涯辅导咨询的特性，构建了"信息加工金字塔"模型（图 5-2）。该模型共分为三个

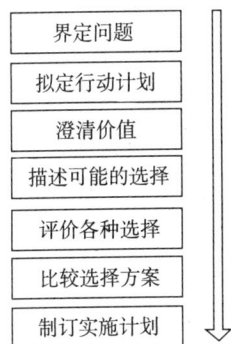

层面：基础部分位于金字塔的底部，属于知识层面；中间部分是决策层面；金字塔的顶端，即最上层，是执行层面。

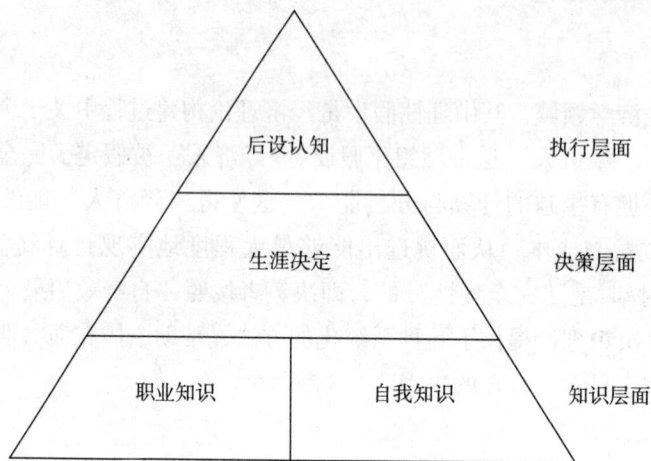

图 5-2　信息加工金字塔模型

（1）知识层面　信息加工的知识层面，类似于计算机处理信息的数据文件。知识层面主要包括职业知识与自我知识两大部分。职业知识区储存了与个体所处的外部工作世界有关的各种信息，自我知识区储存的是有关经验、兴趣、能力、价值与需求等个体特质的信息。这些信息以图式的形式储存于长期记忆区中，当个体进行生涯决策时，会从中提取并加以处理。

职业知识区所储存的信息是个体对外部职业世界认识的各种图式，可分为两类，即个别职业知识与职业之间结构关系的知识。个别职业知识，是指个体对某一个职业（包括但不限于工作内容、职责、发展趋势、薪资条件、所需教育与职业训练、工作环境和前景等）所了解并记忆的信息内容。职业之间结构关系的知识，又称为类别知识，主要区分不同职业的异同及其之间内部联系。比如，《中华人民共和国职业分类大典》中对职业的分类与描述。

自我知识区所储存的信息主要是个体的生活经历、职业经验、兴趣能力、价值与需求等相关知识信息。自我知识来源于情节记忆，其基本构成单位是事件或情节。事件是特定时间与空间下的产物，是构成情节记忆的信息图式。个体通过对这些自我的认知信息进行统合，可形成其对自我的认知推论。学生可以通过使用标准化的心理测评工具来获取关于自我认知的信息，并进一步系统地理解和深化这些信息的含义。

（2）决策层面　信息加工金字塔模型的中间层是决策层面，其类似于计算机程序，用来处理储存在记忆区中的数据信息，得出结果。职业生涯决策过程就是通过分析个体掌握的职业和自我认知的知识与信息，运用一定的方法进行综合与评价，形成决策的过程。认知信息加工理论认为，生涯决策是一个循环往复、不断迭代的过程，具体分为五个步骤：沟通（communication）—分析（analysis）—综合（synthesis）—评估（valuation）—执行（execution）。将该五个步骤的英文缩写字母组合在一起来表述，通常称之为"CASVE 循环"（图 5-3）。

步骤一：沟通（communication）。

"沟通"是指个体在其生涯发展中接收到需要做出决策的相关问题信息，这些问题既包括发展过程中遇到的挑战，也涵盖理想生涯情境与现实状况之间的差距。通过"编码"的认知过程，个体将这些信息内化，认识到"这个问题必须解决或需要作出决定了"。这一过程促使个体明确问题的本质，并准备采取必要的行动来应对和决策。

例如，在大学生毕业求职阶段，毕业生可能会经历一系列情绪和生理反应。在情绪上，毕业生可能

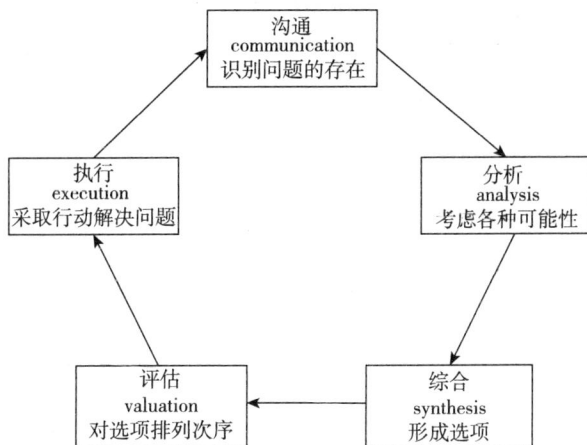

图 5-3 CASVE 循环模型

感受到焦虑；在生理层面，可能出现疲倦等不适反应。这些情绪和身体状态的变化，实际上是提示学生需要进行内部沟通与自我反思的信号。与此同时，外部信息交流也对职业决策产生重要影响。外部信息是指来自外界、对个体产生影响的信息。比如，当室友开始准备简历时，这便是一种外部信息，它提醒个体也应着手准备求职相关事宜。此类外部信息能够促使学生关注外部环境的变化，及时调整自身的行为和策略，以更好地适应求职环境。

步骤二：分析（analysis）。

"分析"是以确定生涯问题产生的原因及问题各部分之间的关系为根本出发点，对问题的所有方面进行充分理解、系统梳理和深入剖析的反思过程。好的生涯问题解决者需要投入一定的时间进行思考、观察和研究，以全面了解问题的本质和差距所在。在此基础上，分析如何有效做出反应，评估是否能够通过提升和完善自身的知识能力，或采取特定的方法、措施和行动来弥补差距并解决问题，同时预测问题解决的程度以及不解决可能带来的后果。

步骤三：综合（synthesis）。

"综合"以形成一个可供选择的解决生涯问题的选项或方案清单为基本特征。这一步骤，主要是通过将前面两个步骤的结果信息进行综合的信息分析加工，结合生涯个体的实际情况与价值倾向，形成各种可能的选项，梳理出消除问题或弥补差距的所有可能决策方案。"综合"本质上是"扩大并缩小决策选项"的阶段，可分为"综合细化"和"综合具体化"两个步骤。"综合细化"，是利用"分析"的结果，运用发散思维尽可能多地形成解决问题的选择清单，即产生足够多的、尽可能细化的生涯决策选项。"综合具体化"，是生涯问题解决运用聚合思维对上述步骤中产生的众多选项进行综合分析，摒除、删减不适合自己或不太适宜的决策方案，以形成较优的、自己相对认可接受的决策方案清单。

步骤四：评估（valuation）。

"评估"以对可能的决策方案进行排序为基本特征，力图找出最佳选择以开展行动尝试、形成最终决策的阶段。"评估"，是生涯个体根据自身与外部影响因素，建立评估指标体系及影响决策的权重，利用其评估得出各个决策方案的利弊得失，对选项进行排序，排列其优先级，从而找到最优选择的过程。

"评估"，是具体抉择的取舍过程。取舍，对生涯决策者而言是最难权衡的，往往会面临价值冲突或不确定的实际情况。

在此步骤中，通常得出的第一方案是最符合生涯问题解决者实际的、最能解决理想状况与现实状况差距问题的。至此，生涯问题的解决暂时完成。在实际行动中，若第一决策方案行不通或遇到不可逾越的障碍，再依次动用第二、第三方案。如果这些方案，都无法执行或无法真正解决问题时，需要再次启动"沟通""分析""综合"和"评估"步骤。个别生涯问题解决者，在第一方案受挫时，就可能会选择回到先前的沟通阶段，重新开始决策历程。

步骤五：执行（execution）。

"执行"是指将解决生涯问题的方案付诸实践并采取具体行动的过程，是对解决问题的首选方案进行尝试或可行性验证的阶段。"执行"阶段是将上述步骤中形成的最优选择转化为有计划、有策略的行动过程，包括制订并管理目标，确立行动计划与步骤以达成目标的过程。

在"执行"过程中遇到不确定性的问题，或在取得一定结果而又产生新问题的基础上，生涯个体可重复上述五个步骤进行生涯问题的进一步解决。这就是生涯决策的动态循环。

（3）执行层面　在信息加工金字塔模型中，执行层面位于最上层，类似于计算机工作过程中的命令控制功能，负责确保计算机按照指令执行程序、处理任务。信息加工理论认为，人脑的执行机制与过程类似于计算机，人脑控制并主宰着对认知与行动策略的选择与排序。这一过程被称为"后设认知"，亦称元认知。后设认知是一种对认知历程的觉察，它在认知过程中扮演着综合性监督的角色，同时负责监视问题解决策略的执行状况，判断其是否能够达成预设目标。在实际应用中，个体应通过实践和反思不断提升元认知能力，以提高认知效率和问题解决能力。例如，在完成任务后，回顾自己的认知过程，评估策略的有效性，并根据需要进行调整。

（二）非理性决策

非主流经济学在有限理性的框架内，结合心理学研究成果，从认知、信息和环境的复杂性出发，对人的选择行为进行了深入研究。该理论认为，人的选择行为是在特定心理作用下发生的，决策过程更多地受到不可控因素的影响。

非理性决策理论指出，由于决策环境具有复杂性、不确定性、动态发展性和模糊性，而个体的认知能力是有限的，决策者必须在不确定的情境下进行决策。因此，决策过程不可能是一种纯粹理性的逻辑推断过程，而是掺杂了决策者自身的文化情感、价值取向、主观偏好等非理性、非逻辑成分。决策的实际过程是一种复杂的认知过程。

在生涯决策中，非理性因素在决策过程中也起到重要作用，影响个体对职业选择的偏好和决策结果。非理性决策理论的应用反映了个体在实际决策过程中的复杂性和多样性，有助于更全面地理解个体的决策行为。其中，前景理论、适应决策模型、反省模型和盖拉特模型等主流非理性决策理论，为理解个体在职业选择和职业发展中的决策行为提供了新的视角。

1. 前景理论　前景理论指出，人们在面临收益选择时倾向于回避风险，而在面临损失选择时则更愿意冒险。其主要观点包括：①决策者在决策过程中倾向于回避损失，损失的效用权重大于等量收益的效用权重。这意味着，对于同等程度的损失和收益，损失带来的痛苦大于收益带来的快乐。②决策者对决策带来的损益变化比损益本身的价值更为敏感。决策者更容易忽视决策带来的收益，而将注意力集中在损失上。③人们往往会对那些自己并不拥有或控制的事物赋予更高的价值。这种倾向使得个人渴望获取额外资源，仿佛是在期待外界的赠予或支持。

前景理论同样可以应用于生涯决策领域，有助于更加理性地看待生涯决策过程中产生的心理变化。个体在做出生涯决策时，往往更容易关注决策带来的不利方面，而忽视有利方面。例如，选择毕业后就业的学生可能会感到择业困难，难以适应复杂的社会环境，但忽视了在择业过程中收获的经验和薪酬待遇等积极因素。同样，选择毕业后继续深造的学生可能会感受到学业压力和经济依赖的痛苦，但忽视了学历提升和专业知识技能增强所带来的个人成长。

此外，当个体发现自己作出了错误的生涯决策时，往往会考虑已经付出的沉没成本，从而难以做出符合自身利益的正确决策。这种现象在生涯决策中尤为常见，导致个体在面对职业选择和职业发展中的变化时，难以及时调整策略，从而影响职业发展的长期满意度。

通过理解前景理论，个体可以更好地识别和管理在生涯决策过程中的心理偏差，从而做出更科学、更合理的决策。

2. 适应决策模型　1997 年"适应决策"的概念被提出，并被应用于职业决策领域，构建了初步的适应决策模型。该模型指出，个体的职业生涯具有生命全程性和空间性特征，其决策过程受到多种因素的影响，且这些因素处于动态变化之中。这导致个体在认知与决策过程中存在局限性和非理性。在现实情境中，决策者只能依据决策时的即时信息和需求，做出适应当前状况并最大化即时利益的最优判断。

例如，当有几家实力相当的企事业单位向你伸出橄榄枝，并要求你在一周内做出回复时，由于时间限制，你只能迅速做出决策。入职后的数日或数周内，随着对各家用人单位更全面的了解逐渐加深，你可能会意识到，在当时的条件下所选择加入的单位或许并非最优选项。然而，该生涯决策是在你当时的认知水平下，能够做出的最有利于自己的选择了。

适应决策模型认识到每个决策都是特定情境下的最优选择，决策质量应基于当时可获得的信息和认知水平来评估，后续认知提升不应否定前期决策的合理性。这种认知有助于建立科学的决策观，减少决策后的悔恨情绪，更好地理解职业生涯发展的动态性和渐进性特征。

3. 反省模型　基于认知和实验社会心理学的研究，1998 年自我反省视域下的职业决策模型被提出。该模型认为，对决策过程与决策行为的过度反思，不仅对先前做出的相对较优决策无益，甚至可能产生有害影响。这一观点为决策者在遇到决策困难时提供了新的解释路径，有助于指导其改进决策方式，提升决策效率。

反省模型为生涯决策提供了新的视角，有助于理解个体在面临选择时的心理行为。事实上，许多人在面临选择时会担心自己做出错误的决策而选择逃避，即不做出任何决策。在做出决策后，又不断反思自己是否做出了正确的决策。这种决策方式不仅效率低下，而且错误的思维方式会强化个体的行为，导致越反思越难以做出决策，越反思越认为决策是错误的。

例如，选择就业的学生不去积极准备个人简历，参加笔试和面试，而是反复纠结自己是否应该就业。这种行为不仅浪费了时间，耽误了求职进程，还消耗了认知资源，增加了不必要的焦虑情绪。通过理解反省模型，个体可以减少不必要的反思，更加高效地做出决策，从而提升生涯决策的质量和效率。

4. 盖拉特模型　美国学者盖拉特（L. Gelatt）借鉴量子理论的思维方式，提出了职业决策的"积极的不确定论"。他所指的"积极的不确定"，是指决策个体应以积极乐观的态度面对及接纳决策过程中的不确定性以及成功概率的不确定性，并以直觉、开放的心态对待职业决策。盖拉特认为，决策者应改变对目标的确定性认识，目标不是固定不变的，而是需要根据个体所处的内外部环境进行动态调整。他还提出，决策应全方位分析过去，深思未来的变化，以做出保持适度弹性的理性决策。

盖拉特的"积极的不确定论"传递了积极的决策观念。在决策过程中，大学生应以积极、接受、开放的心态收集多方信息，主动做出选择，不迷信权威，不盲目从众。这要求个体主动承担责任，以已有的知识为基础，结合学习实践和对未来的设想，独立思考，大胆探索，勇于做出决策。

从决策理论的发展轨迹来看，纯粹的理性决策模型在现实应用中存在信息不完全、认知有限和环境复杂等局限，而非理性行为的必然性则体现在认知偏差、情感影响和经验依赖等方面。在职业决策中，应合理利用非理性决策的直觉快速、创新灵活和决策高效等正向特征，同时通过克服盲目、减少从众和平衡情感来控制风险，实现理性与非理性的平衡，从而提升决策效能和优化决策质量。这种综合性的决策视角有助于大学生在复杂的职业环境中做出更有效的选择。

三、合理决策的方法

在职业生涯规划中，系统化的决策方法是确保决策科学性和有效性的关键。其中，决策平衡单法与SWOT分析法是两种广泛应用的合理决策方法。

（一）决策平衡单法

决策平衡单法是一种系统化的决策工具，旨在通过全面评估重大决策的各个方面，帮助决策者做出更加理性和科学的选择。该方法将思考方向集中于四个核心主题。①自我物质方面的得失：评估决策对个人物质利益的影响，包括经济收益、职业发展机会等。②他人物质方面的得失：考虑决策对他人物质利益的影响，如对家庭、同事或社会的影响。③自我赞许与否：分析决策是否符合个人价值观和内在期望，是否能够获得自我认可。④社会赞许与否：评估决策是否符合社会规范和期望，是否能够获得他人的认可和支持。通过这四个维度的综合评估，决策平衡单法能够帮助决策者全面权衡利弊，做出更符合个人和外部环境需求的决策。

从"自我—他人"和"物质—精神"所构成的四个维度来考虑（图5-4）。

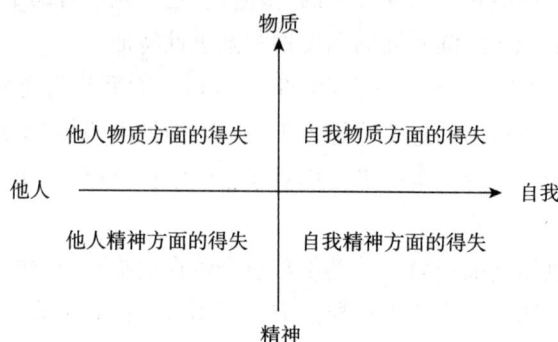

图5-4 生涯决策平衡单法

表5-1是一位药学专业毕业生比较"考取药品监督管理局的事业编制"与"进入药房工作"这两种决策的平衡单示例。

表5-1 生涯决策平衡单示例

考虑项目		权重 -5 ~ +5	选择一：考取药品监督管理局事业编制		选择二：进入药房工作	
			加权分数 （+）	加权分数 （-）	加权分数 （+）	加权分数 （-）
自我物质方面的得失	1. 收入	4	3（+12）		2（+8）	
	2. 工作的困难	3		-2（-6）		-1（-3）
	3. 升迁的机会	4	4（+16）		1（+4）	
	4. 安全的工作环境	5	5（+25）		5（+25）	
	5. 休闲时间	3	3（+9）		4（+12）	
	6. 生活变化	2	1（+2）		2（+4）	
	7. 对健康的影响	3	2（+6）		3（+9）	
	8. 就业机会	4	4（+16）		4（+16）	
	9. 其他					

续表

考虑项目		权重	选择一：考取药品监督管理局事业编制		选择二：进入药房工作	
		−5 ~ +5	加权分数（+）	加权分数（−）	加权分数（+）	加权分数（−）
他人物质方面的得失	1. 家庭经济	4	3（+12）		2（+8）	
	2. 家庭地位	2	1（+2）		2（+4）	
	3. 与家人相处的时间	3	2（+6）		4（+12）	
	4. 其他					
自我精神方面的得失	1. 生活方式的改变	3	2（+6）		3（+9）	
	2. 成就感	5	5（+25）		3（+15）	
	3. 自我实现的程度	4	4（+16）		2（+8）	
	4. 兴趣的满足	2	1（+2）		4（+8）	
	5. 挑战性	3	3（+9）		2（+6）	
	6. 社会声望的提高	4	4（+16）		2（+8）	
	7. 其他					
他人精神方面的得失	1. 父母	3	3（+9）		2（+6）	
	2. 师长	2	2（+4）		1（+2）	
	3. 配偶	3	2（+6）		4（+12）	
	4. 其他					
合计			199	−6	176	−3
得失差数			193		173	

生涯决策平衡单的使用步骤如下。

第一步：在平衡单的第一行填写职业生涯方向的选择。例如：选择一，考取药品监督管理局事业编制；选择二，进入药房工作。

第二步：在"考虑项目"一列中，列出个人在"自我物质方面的得失""他人物质方面的得失""自我精神方面的得失""他人精神方面的得失"四个维度的重要价值观和考虑因素（表5-1中所列项目仅为参考范例，个人可根据实际情况进行更改）。

第三步：给予列出的价值观和因素按1至5的等级分配权重，价值观或因素的重要性越大，它的权重就越高。"5"为最高权重，表示"非常重要"；"1"代表"最不重要"。

第四步：按照各项决策满足自我价值观和考虑因素的程度，对表中的各项加权打分，分值在"−5"到"+5"之间，其中"+5"表示"自我价值观和考虑因素在该决策中得到了完全的满足"，"0"表示"不知道或无法确定"，而"−5"则表示"价值观和考虑因素未能得到满足"。

第五步：将各考虑项目的得分与各项价值观和考虑因素的权重相乘进行计分，并将结果记录在相应的空格内。例如，"收入"这一考虑项目的权重为3，"考取药品监督管理局事业编制"的加权分数为4，相乘后的结果就是12，在"收入"和"选择一"交叉的空格内填入的就是3（+12）。

第六步：将每个考虑项目下的所有正负积分相加，算出总分，再对所有总分进行比较和排序。如表5-1中，"选择一（考取药品监督管理局事业编制）"的总分是193分，"选择二（进入药房工作）"的总分是173分，得分高的是"选择一"。因此，对于该毕业生来说，考取药品监督管理局事业编制更符合其价值观和考虑因素。

在运用决策平衡单时，不仅应重视最终的排序结果，填写过程同样至关重要。这是因为，列举各项考虑因素、为各项价值观分配权重以及为各项选择打分的过程，本质上是在协助个人梳理自身的思路。经过深思熟虑与反复斟酌的过程，往往比单纯得出一个结论更具价值，能够助力个人做出契合自身需求的生涯决策。

（二）SWOT 分析法

SWOT 分析法又称态势分析法，是一种系统化的分析工具，广泛应用于战略规划和决策过程中。该方法通过对研究对象密切相关的内部优势（strength）、劣势（weakness）、机会（opportunity）和威胁（threat）进行调查列举，并按照矩阵形式排列，运用系统分析的思想将各种因素相互匹配加以分析，从而得出一系列具有决策性的结论。

通过运用 SWOT 分析法，个体能够依据自身的技能、兴趣与职业目标，精准识别出自身的优势与劣势，以及外部环境中的机会与威胁。这一分析过程有助于个体明确自身在职业发展中的有利条件与潜在风险，从而制订出更具针对性的职业发展策略。SWOT 分析矩阵图示例如下（图 5 - 5）。

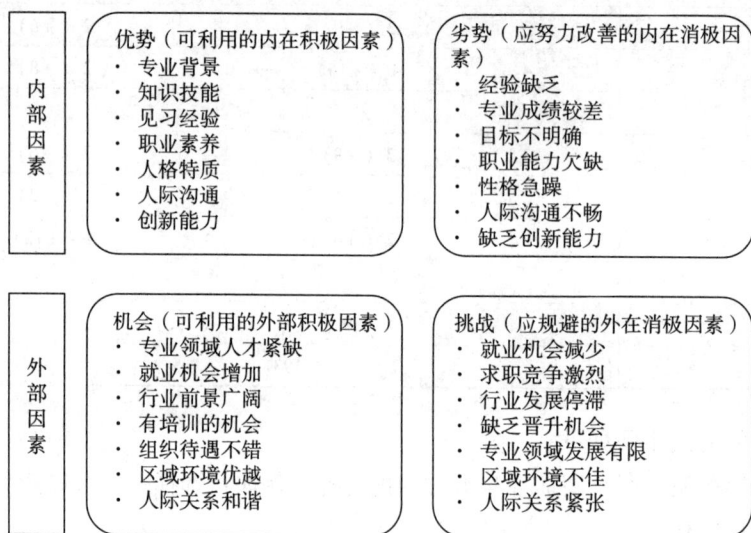

内部因素	优势（可利用的内在积极因素） · 专业背景 · 知识技能 · 见习经验 · 职业素养 · 人格特质 · 人际沟通 · 创新能力	劣势（应努力改善的内在消极因素） · 经验缺乏 · 专业成绩较差 · 目标不明确 · 职业能力欠缺 · 性格急躁 · 人际沟通不畅 · 缺乏创新能力
外部因素	机会（可利用的外部积极因素） · 专业领域人才紧缺 · 就业机会增加 · 行业前景广阔 · 有培训的机会 · 组织待遇不错 · 区域环境优越 · 人际关系和谐	挑战（应规避的外在消极因素） · 就业机会减少 · 求职竞争激烈 · 行业发展停滞 · 缺乏晋升机会 · 专业领域发展有限 · 区域环境不佳 · 人际关系紧张

图 5 - 5　SWOT 分析矩阵图示例

大学生在进行 SWOT 分析时，可采用多种方法来确定自身的优势与劣势、机会与威胁。其中，较为常用的是关键提问法，即通过不断向自己提问，从自我探寻中进一步了解自身情况。例如，可以提出以下问题：与潜在竞争者相比，自己是否具备专业优势？自己最希望从事哪个行业？是否参与过和专业相关的实习？是否尽一切努力去实现自己的目标？

此外，还可以通过以下五个步骤进行 SWOT 分析。

第一步：选定一个具体的分析问题，可以是某个职业选择，也可以是希望实现的其他方面的某个目标。

第二步：针对选定的目标，分析自身性格、能力、兴趣等内在因素。明确哪些因素有利于目标的达成，这些是优势；哪些因素可能阻碍目标的实现，这些是劣势。

第三步：围绕选定的目标，分析外部环境中存在的机遇与威胁。明确哪些外部条件有利于目标的实现，这些是机会；哪些外部条件可能对目标的实现构成阻碍，这些是威胁。

第四步：构造 SWOT 分析矩阵图，在此过程中，将每个方格内的多种因素按照重要性进行排序。将重要的、影响大的、紧迫的因素排在前面，将不重要的、影响小的、不紧迫的因素排在后面。

第五步：根据 SWOT 分析矩阵制订行动计划，原则是发挥优势因素，克服劣势因素；利用机会因素，化解威胁因素。

知识拓展 --

职业生涯决策的五个关键任务

自我定位：客观评估文化素质、能力、性格、身体条件等，总结特长、兴趣、爱好，与同专业同学对比，明确优势和劣势，找准社会切入点。

行业定位：了解行业情况、发展趋势和人才需求，结合自身实际，从社会需求、个人理想和兴趣出发，避免盲目择业和受到错误舆论导向影响。

岗位定位：根据性格、能力和用人单位要求，实事求是地选择适合岗位，避免跟风，选择有利于潜能发挥和事业发展的岗位。

地域定位：不局限于大城市和经济发达地区。关注国家城镇化和西部大开发等政策所带来的发展机遇，深入思考个人能力在哪些领域能够得到更充分的发挥，以及在哪些地区拥有更广阔的职业发展空间。

收入定位：基于市场行情，综合自身素质、能力和岗位发展趋势，确定合理收入期望值，以发展眼光看待收入。

第三节　开展生涯行动体验

一、生涯行动体验

生涯行动体验是指个体在有意识地参与活动并采取行动后，所获得的关于个人生涯发展的认知与感受的过程。荀子曾提出："不闻不若闻之，闻之不若见之，见之不若知之，知之不若行之，学至于行之而止矣。"其意为，未听闻不如听闻，听闻不如亲眼所见，亲眼所见不如真正了解，真正了解不如亲身践行，学习的最终目的在于实践。这一思想不仅适用于学习领域，同样适用于个人对生涯的探索与体验。

生涯体验作为人生历程中的重要组成部分，与我们所处的世界紧密相连，它塑造了每个人独特的生活方式。生涯体验有助于人们不断寻求生命的意义，从而加深与外界的联系和互动。在这个过程中，每一个人既是一个完整的个体，同时也是整个世界的一部分，通过生涯体验活动与世界建立联系。通过参与不同的生涯体验活动，人们可以促进专业技能的提升和核心能力的培养，强化职业意识、责任担当与心理素质，增进对社会的理解与协作能力。

总之，生涯体验活动有助于个体更深入地认知与感悟生命的意义与价值，培养对自我、他人及社会的关怀意识，进而塑造积极的人生观、职业观以及人生规划意识，并促使个体深入思考自身未来的职业发展路径。通过参与生涯体验活动，每个个体均能获得独特的成长与收获，从而使其人生发展更加稳健与坚定。

二、偶发事件的作用

尽管我们精心设计了详尽的生涯行动方案，并制订了周密的时间表与学习策略，但生涯的进展轨迹往往呈现出非线性特征，不会像精准投射的飞镖直击靶心。在生涯发展的过程中，诸多未预见事件，诸如在参与大学生职业规划大赛中意外获得用人单位的青睐，或是因健康原因不得不暂时中断学业，这些偶发事件往往会促使我们重新审视并调整原有的规划蓝图。

偶发事件是指那些不在我们预期和规划范畴内的事情。在追求生涯目标的过程中，个体应学会通过积极行动塑造更满意的生活。在这个过程中，细微差异与随机因素对个人生涯轨迹具有显著影响。这表明，偶然、意外的事件完全可能触发个人生涯的重大转折。换言之，生活中那些意料之外的插曲和突发情况，相较于精心策划的事项，可能更具影响力，可能会左右我们重大决策的制订和生涯发展方向的选择。

偶发事件既可能带来积极影响，也可能带来消极影响。正如"塞翁失马，焉知非福"这一寓言所揭示的，某些看似积极的事件中可能潜藏着消极因素，而部分看似消极的事件实际上可能是人生向好的转折点。能否把握机遇，能否将表面消极的事件转化为人生的积极转机，关键在于我们对待偶发事件的态度。

在生涯体验中拥抱偶发事件，不仅意味着以积极心态应对消极事件，更要求我们尝试规划偶发事件。规划偶发事件，是指通过有意识的行为增加特定事件发生的可能性。以大学生求职为例，几乎每一次求职都可视为偶发事件。因为求职者无法预设用人单位发布招聘信息，也无法确保心仪公司会录用自己。然而，大学生可以通过积极参加招聘会、主动投递简历与求职信、结识行业人士、与同学共建求职网络等方式，提高求职成功率。尽管这些措施无法保证成功，但它们无疑能够显著提高获得理想工作的可能性，这正是对偶然事件进行有效规划的价值所在。大学生应当积极主动地规划并应对偶发事件，以确保个人生涯的持续发展与丰富多样性。通过这种方式，个体不仅能够吸引更多"幸运"的青睐，还能在机遇降临时，迅速抓住并有效利用这些机会，实现职业与个人发展的飞跃。

三、大学生生涯体验的形式

（一）社团活动体验

社团是大学校园中一道亮丽的风景线。大学生能够跨越各类界限，按照个人兴趣、特长或需求组建自己想要的社团。这些社团涵盖理论学习、学术科技、文学艺术、体育健身、志愿服务、社会政治、同乡会、社会调查等多个方面。通过加入社团，大学生可以认识新朋友、结交志同道合的同学，还可以共同读书、举办讲座或体育运动。此外，社团活动也能带领大学生走出校园，深入社区、企业和公益组织，接触真正的社会。在社团中度过的时光往往也是大学生在校期间最难忘的经历之一。大学生可以在社团中学到课堂上无法获取的经验、结识一生难忘的朋友，并深入了解社会和职业环境。

（二）志愿活动体验

志愿活动体验是指通过参与志愿服务或社区义工活动，在非营利组织中进行服务和体验的一种职业生涯体验活动。此类体验活动通常在福利院、儿童救助站、敬老院、红十字会、聋校、社区等非营利性机构中开展。通过参与志愿活动，大学生不仅能够为社会作出贡献，还能在个人成长、职业发展和社会适应等多个方面获得显著的益处。

（三）兼职实践活动体验

兼职实践活动体验是大学生确立和实现自己人生规划的一种重要方式和有效途径。大学生可以利用课余时间或假期进行一些兼职实践活动。兼职实践活动体验的方式主要有以下几种。

1. 勤工助学　高校普遍建立了规范且有效的勤工助学制度，通过多样化的勤工助学活动，全面提升大学生的服务意识，磨炼其吃苦耐劳的意志品质，并增强其社会适应能力。例如，学校各部门助理、实验室助理以及院系助理等岗位，为在校大学生提供了宝贵的实践锻炼机会。

2. 促销会展服务　在消费驱动的时代背景下，商家为了吸引顾客、提升品牌知名度及增加销售量，频繁开展各类促销与展销活动。这些活动不仅为商家带来了经济效益，也为大学生提供了宝贵的实践机会。例如，数码产品促销员、展会礼仪员等岗位，为在校大学生提供了直接参与市场活动、锻炼自身能力的平台。

通过参与促销会展服务，大学生能够显著提升人际沟通技巧，增强应对复杂社交场景的能力。同时，这些实践活动使大学生亲身体验工作的各种挑战与收获，从而加深对敬业精神和服务意识的理解。

3. 商业宣传和推广 在大学校园内，商业宣传与推广活动较为常见。这些活动通常包括新产品试用体验、海报张贴、礼品赠送以及产品代理销售等。此类活动不仅能够丰富大学生的校园生活，还为在校学生提供了实践锻炼的机会。

开展商业宣传与推广活动必须遵循严格的程序。活动主办方需向学校相关部门提交申请，获得正式批准后方可开展活动。此外，活动的组织与实施必须严格遵守学校的相关规定，在保障校园秩序的同时，为学生提供有益的实践机会。

4. 网络平台有偿服务 网络平台为大学生提供了丰富的有偿服务机会，如网站编辑、网上撰稿、网站宣传与平台运维等多个领域。这些机会不仅使大学生能够在实践中提升专业技能、积累工作经验，还能为他们带来一定的经济收入。然而，网络诈骗活动也常假借有偿服务之名出现，给大学生带来风险。例如，一些不法分子通过高薪兼职、轻松赚钱等虚假承诺，诱骗大学生参与刷单、虚假投资等诈骗活动，导致大学生遭受财产损失，甚至卷入违法犯罪行为。因此，大学生在利用网络平台从事有偿服务时，必须提高警惕，认真辨别信息的真伪，避免上当受骗。

（四）实习实训活动体验

实习是就业的基础，是大学生从校园走向职场的重要过渡阶段，是理论与实践相结合的重要环节。通过实习，大学生能够深入了解职场环境、各类岗位的职责与工作内容，并在此过程中明确个人职业目标与职业定位。实习不仅是企业对大学生进行考察的过程，也是大学生与企业相互了解、建立联系的重要契机。在实习体验中，大学生能够深度融入企业，接触未来的同事，感受企业文化。

实习实训的主要目标是使大学生熟练掌握基本技能与专项技能，提升综合技能应用能力，确保学生能够快速上手、熟悉业务，并具备较高的职业素养。通过实习实训，大学生应形成较强的问题解决能力与业务实操管理技能，为未来的职业生涯作好充分准备。

（五）跨文化活动体验

跨文化体验是指通过亲身体验来学习和理解其他民族文化的学习方式。现代高科技的飞速发展，尤其是互联网技术的迅猛进步，极大地促进了全球性的时空紧缩，使人们愈发感受到自己仿佛居住在一个紧密相连的"地球村"中。如今，全球化趋势不仅在经济领域内持续深化，还在国际政治、安全、社会、教育和文化等多个领域产生了广泛且深远的影响。在这样的背景下，培养跨文化交往能力，成为具有国际视野的"国际人"，已经成为现代年轻人的重要追求之一。

大学生可以根据自身兴趣和实际条件，对可实施的跨文化交流活动进行初步筛选。基于已掌握的信息，评估并联络相关活动的参与可能性，例如：异国访学、交换生项目、跨文化交际活动、跨国企业实习、国外学者讲座、访谈国外人士或组织、观看国外经典名著或电影等。

（六）创业活动体验

我们正处于一个创业浪潮不断涌现的时代，面对日益激烈的竞争环境，大学生们渴望通过各种方式和途径去尝试创业，以探寻就业方向的意义。创业的意义绝非仅限于应对竞争，它更在于服务社会和国家，为个人职业发展赋予更深远的价值。丰富多彩的创业活动，不仅能够检验大学生的实践能力，让他们清晰地认识到自身与创业所需素质和能力之间的差距，还能为他们提供一个与社会对话的平台和机会。在创业过程中，大学生能够深入了解社会现状，准确把握行业需求，为顺利融入社会、投身职场作好充分准备。

创业活动体验可通过多种方式开展，包括创业训练营、创业实验室、创业大赛等，这些活动通常受到大学生的广泛欢迎。此外，学校还可组织创业团队在校园内的创业基地开展实际的创业活动。这类创业活动可模拟企业的经营管理模式，设立董事会、股东大会、首席执行官（CEO）、总经理、财务经理、人事经理等职位，通过明确的分工协作来推动创业活动的管理与发展。通过开展创业活动，让大学生模拟实际创业的过程，从而提升其创业综合能力。创业的另一种形式是"实战"的创业体验。在经过模拟创业体验后，大学生若萌发了创业意识，可利用课余时间和自身优势开展创业实战。

（七）全国大学生职业规划大赛

全国大学生职业规划大赛对于大学生个人生涯发展具有重要意义，它不仅为学生提供了一个展示自我职业规划能力的平台，增强了自信心和竞争力，还帮助他们提前了解并规划职业生涯，通过专业评审的意见和建议，使参赛者能够更加明确自己的职业目标和发展方向，从而为未来的就业打下坚实的基础。此外，大赛也强调了在快速变化的社会中接纳不确定性和持续学习的重要性，促进了学生实践能力的成长，并推动高校生涯教育的不断发展。在校大学生应积极参与全国大学生职业规划大赛，充分借助这一宝贵契机，全方位锤炼自身的职业规划与实践能力，为迎接未来的职场挑战做好充分准备。

大赛采用校赛、省赛、全国总决赛三级赛制。校赛由各高校负责组织，省赛由各地负责组织，全国总决赛由大赛组委会统一组织。赛制分为学生成长赛道和就业赛道，每个赛道设高教组和职教组。

1. 成长赛道　成长赛道强调学生对自身职业发展的长远思考和个人成长路径的设计。参赛者需要展示他们如何结合个人兴趣、价值观及能力优势来制订符合现实情况的职业规划，并且通过实际行动持续提升自我，以期达到理想中的职业状态。其中包括了对目标职业的深刻了解，以及对自己现状与目标差距的认知，进而制订出切实可行的发展计划。

2. 就业赛道　就业赛道聚焦于学生的求职实战能力和就业准备度，帮助学生更好地适应市场需求，提升就业竞争力。该赛道鼓励高年级学生根据经济社会的发展需求，及时调整职业方向，并确保其就业能力能够满足市场要求。参赛者需通过撰写专业的求职简历，展现自身的通用素质和岗位胜任力，同时作好应对未来工作中可能遇到的各种挑战的准备。

无论是在哪个赛道，评审标准都体现了对学生综合素质的重视，包括但不限于：明确的职业目标设定、有效的行动策略实施、与职业目标的高度契合，以及良好的沟通表达技巧等。此外，大赛也注重培养学生的实际操作能力和社会责任感，使他们在追求个人职业成功的同时，也能够为国家、社会做出积极贡献。

行动体验

参考范例

完成"生涯闯关"体验项目

活动目标

本活动旨在通过参与全国大学生职业规划大赛官方网站的"生涯闯关"体验项目，系统地探索和规划个人职业生涯，提升自我认知与职业规划能力。

活动说明

1. 登录平台：访问全国大学生职业规划大赛官方网站，进入生涯闯关界面。

2. 开启旅程：进入生涯闯关界面，开启你的"新知·笃行·领悟"之旅，从生涯愿景、专业探索、职业瞭望、兴趣揭秘、目标锚定、能力盘点、技能提升和生涯启航八个模块来探索专属于自己的职业生涯报告。

3. 制作报告：在完成所有闯关任务之后，总结个人闯关心得，制作个人生涯发展报告。

4. 小组讨论：以小组形式组织一次交流会，每组成员分别介绍自己职业生涯报告的关键点，促进相互学习与共同进步。

注意要点

1. 在闯关过程中，认真思考每个问题背后的意义，尽量做到理论联系实际，将所学知识应用于自身情况分析之中。

2. 撰写报告时，注意结构清晰、逻辑严谨，使用具体事例支撑观点，让读者能够直观感受到你的成长过程。

活动总结

通过此次"生涯闯关"体验项目活动，以系统化的任务设计和丰富的学习资源，引导学生全面探索自身的职业兴趣、能力、价值观以及市场需求，帮助他们逐步构建起个人的职业生涯框架。

书网融合……

微课　　　　　习题　　　　　本章小结

第六章　掌握就业政策与就业信息

📖 学习目标

　　1. 通过本章学习，掌握就业信息收集的方法；了解当前药学类大学生的就业形势与特点，面向基层的毕业生就业政策及应征入伍服兵役政策。

　　2. 具有择业定位的能力，具有利用就业形势提升对不确定环境的适应能力。

　　3. 树立积极的价值观和科学的就业观，拓宽人生发展视野。

第一节　了解就业形势

一、当前大学生的就业形势

（一）高校大学生总量继续攀升

　　我国高校不断扩大招生规模，自 2002 年开始，大学生年均增长率保持高增长的态势。教育部公布的数据显示：2023 届高校大学生总规模高达 1158 万人，比上一年增加了 82 万人，再创历史新高。经预测，未来几年，大学毕业生每年的人数都将超过 1000 万人，硕士毕业生将超过 100 万人。

（二）高校大学生就业结构性失衡现象依然存在

　　1. 学科专业之间　普通本科的学科专业之间就业比例失调现象明显。调查显示，本科的绘画、法学、应用心理学专业被列为红牌类专业的次数最多，而计算机类（如数据科学与大数据技术）、电子信息类（如人工智能）、机械类（如智能制造工程）等主要面向新一代信息技术、智能制造等战略性新兴产业的专业，是大学生整体就业情况较好、社会需求保持相对稳定的专业类型。

　　2. 学历之间　社会对不同学历层次大学生的需求与学校培养仍存在一定的差距。社会对高层次的复合型、外向型和开拓型的人才需求日益迫切，形成了研究生需求旺盛、本科生供需基本持平的局面。

　　3. 地区之间　目前，东部沿海经济发达地区和中心城市对大学生的需求比较旺盛，呈现出供需平衡或供不应求的局面。随着西部大开发战略的实施，中西部地区对大学生的需求也有所回升。然而，一些边远地区及经济欠发达地区对大学生的需求明显不足。

　　4. 院校之间　重点大学、名牌院校、名牌专业的"名牌"效应呈现出一定的优势，其大学生的社会需求持续增长，就业率较高；而一般院校、一般专业的大学生的社会需求相对较小。

　　5. 用人单位之间　作为传统大学生就业主渠道的国有大中型企业，其引进大学生的比例逐年下降；政府机关及事业单位的用人指标有限，难以接收大量大学生；三资企业（中外合资经营企业、中外合作经营企业、外商独资经营企业）、民营企业及高新技术企业对大学生的需求数量连年增加。

（三）就业渠道向非公有制单位转变

　　目前，中小企业已经成为吸纳大学生就业的主体，传统的大学生就业渠道已经发生变化，实现了由原来的国企和政府部门就业向非公有制单位就业的转变。地方政府也积极鼓励、引导大学生到非公有制企业就业，并且从搭平台、强服务、提能力、建机制等方面出台了具体措施。

知识拓展

懒就业和慢就业

近年来，大学生"慢就业"现象日益增多，分为积极与消极两类。积极"慢就业"是为了自身发展更好、后劲更足而进行的科学谋划，消极"慢就业"者多选择旅游、沉迷网游或逃避就业，导致就业压力增大。其主要原因包括：就业不确定性增加，毕业生求稳心态加重，倾向于考公、考编，失败后易陷入"慢就业""懒就业"；舆论环境影响就业期望值，大学生面临信息甄别挑战，对就业市场产生误解，追求高质量就业，增加就业难度；实习落差感影响就业紧迫感，大学生缺乏系统性就业知识学习，就业定位不准确，竞争力欠缺，期望值与环境不匹配，且校园到职场的转变易产生心理落差。这些因素共同作用，使部分大学生难以及时调整，加剧了懒惰和畏惧心理，不利于自身发展，导致长期、无边界的"慢就业"逐渐演变为"懒就业"。

二、药学类专业大学生就业的主要特点

药学类专业大学生的就业现状呈现出积极态势，特别是在医疗健康领域需求的推动下，药学类专业大学生毕业后在就业市场上具有较好的发展前景。总体来看，药学类专业大学生的就业情况呈现出以下几个特点。

（一）就业前景广阔

从宏观角度来看，医药行业作为国民经济的重要组成部分，近年来得到了国家政策的大力扶持，尤其是针对创新药物的研发和医药产业链上下游的整合优化，这为药学类专业毕业生提供了广阔的就业空间。除了制药企业、医疗机构、药品监管机构等传统领域对药学类专业毕业生求贤若渴外，生物科技、健康管理咨询、医药电商等新兴行业也出现了大量的就业机会。此外，随着"健康中国"战略的实施和人口老龄化的加剧，公共卫生和社区健康服务领域对药学人才的需求也在增加。

（二）就业趋于专业化、精细化

对药学类专业毕业生而言，就业现状呈现出专业化、精细化的特点。一方面，随着医药科技的快速进步，企业对从业人员专业技能的要求不断提高，具备跨学科知识背景的复合型人才更容易受到企业的欢迎。另一方面，国家对药品安全和质量的严格监管促使企业更加重视专业人才的招聘与培训，为药学类专业毕业生提供了更多的高端就业岗位。

（三）工作与专业相关度高

药学类专业毕业生能够较好地将所学知识应用于实际工作中。绝大多数药学类专业的毕业生可以找到与其所学知识技能直接相关的就业岗位。

（四）就业满意度高

就业满意度是毕业生综合职业发展前景、工作内容、薪酬等内容作出的主观判断，能够较为直接地反映出毕业生对就业结果的态度，是评价毕业生就业质量的重要指标。药学类毕业生在职业发展前景、工作内容、薪酬等多个维度均表现出较高的满意度。

（五）用人单位认可度高

药学类专业毕业生在就业市场中的认可度较高。《沈阳药科大学2022届毕业生就业质量报告》指出，2022年用人单位对本校毕业生的总体满意度达到92.18%，毕业生在知识、职业能力、职业素养等

方面均受到用人单位的认可。

尽管药学类专业毕业生的就业形势整体乐观，但也面临着一些挑战。如今，就业市场竞争日益激烈，对毕业生的综合素质和实践能力要求更高。同时，行业内的技术更新速度加快，要求从业者持续学习、不断提升自身的职业竞争力。因此，药学类专业毕业生应当注重在校期间的实践技能培训，积极参与实习实训项目，不断提升自己，增强解决实际问题的能力，以适应未来职业生涯的需要，确保个人职业发展的稳健前行。

第二节　把握就业政策

大学毕业生就业政策指的是国家和各级地方政府及高等院校，为促进毕业生就业工作而制订的基本原则、具体的实施程序、实施办法、权益和义务等方面的规定等。它主要包括教育部及其他有关部委和各级地方政府、培养学校为毕业生就业工作颁布的有关文件。

一、大学毕业生就业政策的作用

（一）掌握就业政策，理性择业，提高就业成功率

大学毕业生在求职之前，应先掌握就业政策法规，按照正确的方向进行求职，可以减少失误，节约时间、精力和财力，也可以帮助毕业生了解国家的相关奖励或优惠政策，做出更理性的选择。毕业生在就业政策法规许可、鼓励的范围内求职择业，可以保证择业的有效性，提高就业的成功率，更有效地发挥出个人在社会劳动中的最佳潜能。

（二）根据政策确保择业的公正性，以维护个人的合法权益

大学毕业生在求职择业过程中，由于缺乏相关的工作经验，处于弱势地位，因此，部分就业政策和法规条款的制定，正是针对以往就业市场中存在的不规范现象以及对毕业生不公正的待遇，旨在切实保障大学毕业生的合法权益。就业政策法规秉持公平公正原则，对供需双方均具有同等约束力。毕业生若违反相关政策法规，同样需承担相应的法律责任。以劳动合同为例，若用人单位存在违约行为，如支付薪酬低于约定标准或擅自解除劳动关系，毕业生可依法申请劳动仲裁，维护自身合法权益并获得相应赔偿。这种双向约束机制有效保障了就业市场的规范运行，维护了择业过程及后续劳动关系的公平性与公正性。

二、国家基层就业政策

在高校毕业生人数屡创新高的今天，扎根基层、服务基层成为众多高校毕业生的选择。基层是最需要人才的地方，就业空间广阔，国家出台了一系列优惠政策鼓励高校毕业生进入基层就业。

国家有关部门组织实施了五个引导高校毕业生进入基层就业的项目，包括"大学生志愿服务西部计划"，由中国共产主义青年团中央委员会、教育部等部门自 2003 年起实施；"三支一扶"，由中共中央组织部等部门自 2006 年起实施；"大学生村官计划"，由中共中央组织部、教育部等部门自 2008 年起实施；"特岗计划"，由教育部、财政部等部门自 2006 年起实施；"选调生计划"，由各省党委组织部门自 20 世纪 80 年代实施；"大学生乡村医生专项计划"，由国家卫生健康委、中央编办等 5 部门自 2023 年起实施；鼓励高校毕业生到城乡社区就业创业，由民政部、教育部、财政部和人力资源社会保障部自 2022 年起实施。

（一）"大学生志愿服务西部计划"

"大学生志愿服务西部计划"由团中央、教育部、财政部、人力资源和社会保障部联合实施，每年

招募一定数量的普通高等学校应届毕业生或在读研究生到西部基层开展为期 1～3 年的志愿服务。自西部计划实施 21 年来，已累计招募派遣超过 50 万名大学生志愿者在 2000 多个县（市、区、旗）基层服务。西部计划已成为有效的就业促进工程、人才流动工程、协力振兴工程和实践育人工程，引导着一批批大学生将个人命运与国家发展有机结合，到祖国和人民最需要的地方去受锻炼、长才干、作贡献，在火热的基层实践中坚定理想信念、锤炼意志品格、增长本领才干。

2024—2025 年度西部计划紧紧围绕接续全面推进乡村振兴战略的有关部署，实施乡村教育、服务乡村建设、健康乡村、基层青年工作、乡村社会治理、服务新疆、服务西藏、卫国戍边八个专项，具体内容如下。

乡村教育：大学生如果就读于师范类专业，或者有赴西部支教的梦想，就可以在乡镇及以下中小学从事教学等基础教育工作。此专项包括研究生支教团。

服务乡村建设：大学生如果就读于涉农、涉林、资源环境、信息技术、电子商务等专业，就可以在乡镇及以下农业、林业、牧业、水利等基层单位参与农业科技与管理、现代农民培育、乡村公共基础设施建设等工作。

健康乡村：大学生如果就读于医学类专业，可以在乡镇卫生院、村卫生室等乡村基层医疗卫生机构从事卫生防疫、监测、管理、诊治及关爱乡村医生等工作。

基层青年工作：大学生如果符合西部计划选拔标准，并担任过各级团学组织负责人，就可以在县级及以下共青团、青年之家、团属青年社会组织从事团的基层组织建设、基层党务、促进就业创业、预防违法犯罪、志愿服务等青年工作。

乡村社会治理：大学生如果符合西部计划选拔标准，且所学专业为法律、经济、中文、社会工作、行政管理、历史、政治、体育等相关专业，就可以在乡镇部门单位和乡镇社会工作服务站、养老服务设施等，围绕乡村社会稳定、乡村民生改善、乡村养老育幼、乡村人居环境治理、乡村儿童关爱、乡村文化、乡村体育、平安乡村、乡村社区治理、乡村普法宣传等乡村基本公共服务和公共事务开展工作。

服务新疆：大学生如果想在大美新疆奉献青春，且符合西部计划选拔标准，就可以在新疆的县乡基层单位参与乡村教育、服务乡村建设、健康乡村、基层青年、乡村社会治理等工作。

服务西藏：大学生如果想在雪域高原建功立业，且符合西部计划选拔标准，就可以围绕西藏经济社会发展需要，在县乡基层单位参与乡村教育、服务乡村建设、健康乡村、基层青年工作、乡村社会治理等工作。

卫国戍边专项：大学生如果符合西部计划选拔标准，就可以围绕边境地区实际需要，助力稳边固边、兴边富民，在边境县乡基层单位参与民族团结进步教育、党的创新理论宣讲、乡村教育、医疗卫生、乡村产业发展、乡村建设、乡村治理等工作，加强边疆地区基层工作的力量。

（二）"三支一扶"

"三支一扶"是支教、支农、支医和扶贫的简称。2006 年，由中共中央组织部等部门下发《关于组织开展高校毕业生到农村基层从事支教、支农、支医和扶贫工作的通知》，通知强调"三支一扶"工作的原则是公开招募、自愿报名、组织选拔、集中派遣，招募高校毕业生到农村基层从事支教、支农、支医和扶贫相关工作，服务期限为 2～3 年，招募对象为高校毕业生。2021 年至 2025 年实施第四轮高校毕业生"三支一扶"计划，每年选派 3.2 万名左右高校毕业生到基层服务。

（三）"大学生村官计划"

"大学生村官计划"的主要目的是培养一大批社会主义新农村建设骨干人才、党政干部队伍后备人才、各行各业优秀人才。

"大学生村官"岗位性质为"村级组织特设岗位"，是国家开展的选派项目。选聘工作由省（区、市）组织、人力资源和社会保障部门定期、统一组织实施，或者由省、市两级组织，人力资源和社会保障部门共同组织实施，由县（市、区）组织、人力资源和社会保障部门与"大学生村官"签订聘任合同，其工作、生活补助和享受保障待遇应缴纳的相关费用等由中央和地方财政共同承担。"大学生村官"系非公务员身份。工作管理及考核比照公务员的有关规定进行，由县（市、区）委组织部牵头负责、乡镇党委直接管理、村党组织协助实施。

1. 选拔资格　选聘对象原则上为全日制本科及以上的学生党员或优秀学生干部。选聘对象和选聘条件的具体规定，由省（区、市）党委组织部根据实际情况确定。

2. 优惠政策　为有效激发和扶持高校毕业生投身乡村工作，中共中央组织部携手相关职能部门，共同研制了一套激励与保障政策。

（1）社会保险　参照所在乡镇新录用公务员试用期满后的工资收入水平，确定在艰苦边远地区工作的人员其工作与生活补贴标准。除此之外，按照相关规定，他们还将享有专项的艰苦边远地区津贴及其他补贴，这些额外津贴均以月为单位进行定期发放。同时，此类工作人员同样纳入养老社会保险体系，确保其退休后的生活保障。在其任职期间，还会为其办理必要的医疗险及人身意外伤害保险，以提供全方位的风险保障。

（2）偿还助学贷款　凡是在校期间申请了国家助学贷款且符合相关政策规定的毕业生，若在服务期内完成并通过了聘期考核，其贷款利息将得到财政的全额补贴，意味着该期间的利息费用由政府承担，无须个人支付。

（3）推荐公务员　选调生，即从大学毕业之后，组织直接安排到基层政府部门工作的公务员。这类人才在农村地区履行职责满两年，且在此期间符合"选调生"所设定的各项条件与资格，经过所在组织的正式推荐，便有机会参加全国或地方统一组织的选调生招录考试。

在乡村服务满两年的选调生报考党政机关公务员时，享受报名条件放宽、额外加分等优待，且在同等条件下优先考虑。县乡级公务员招录应侧重于吸纳有乡村任职经历的高校毕业生。

（4）研究生优先录取　选聘中表现出色且通过考核的人员，在报考研究生时可获考试加分优待，同等条件下优先录取。

（5）计算工龄　被党政机关或企事业单位正式录用（聘用）后，在村任职工作时间可计算工龄、社会保险缴费年限。

（6）户籍不限农村　到西部和农村艰苦地区任职的，户籍可留在现户籍所在地。

（7）安置费　对选聘到村任职的高校毕业生，中央财政将按人均2000元的标准发放一次性安置费。

（8）津贴　选聘到村任职的高校毕业生的补贴资金由中央财政和地方财政共同承担。中央财政按照东、中、西部地区人均每年0.5万元、1万元、1.5万元的标准给予补贴，不足部分由地方财政承担。

（四）农村教师"特岗计划"

"特岗计划"是农村义务教育阶段学校教师特设岗位计划的简称。2006年，教育部、财政部、人事部（现人力资源和社会保障部）、中央机构编制委员会办公室下发《关于实施农村义务教育阶段学校教师特设岗位计划的通知》，联合启动实施"特岗计划"，公开招聘高校毕业生到西部地区农村学校任教。

"特岗计划"旨在引导和鼓励大学生从事农村义务教育工作，创新农村学校教师的补充机制，逐步解决农村学校师资总量不足和结构不合理等问题，从而提高农村教师队伍的整体素质、促进城乡教育均衡发展。

1. 特设岗位教师（简称特岗教师）的服务期限和招聘条件　特岗教师的服务期为3年，招聘条件为：①符合招聘岗位要求，具有相应的教师资格证书，具备《中华人民共和国教师法》《教师资格条例》等法律法规规定的普通话水平、身体条件和心理条件，符合新时代中小学教师职业行为十项准则要求，无刑事犯罪记录和其他不得聘用的违法记录；②初中教师要求具备本科及以上学历，以师范类专业为主；小学教师要求具备本科及以上学历，以师范类专业为主，可适当招聘师范高等专科学校毕业生；③年龄不超过30周岁；④参加过"大学生志愿服务西部计划"、有从教经历的志愿者和参加过半年以上实习支教的师范院校毕业生，同等条件下优先录取。

2. 特岗教师的待遇和优惠政策　特岗教师在聘用期间执行国家统一的工资制度和标准，并享受相应的社会保障待遇。中央财政对特岗教师给予工资性补助。特岗教师服务期满后，经考核合格且愿意留任的特岗教师，在核定的教职工编制总额内办理入编手续。

3. 年聘任期间　执行国家统一的工资制度和标准。津贴由各地根据当地同等条件公办教师收入和中央补助水平综合确定。

3年聘任期满后：鼓励特岗教师在服务期满后继续从事农村教育事业。若重新择业，各地要为其重新选择工作岗位提供方便条件和必要帮助。可推荐免试攻读教育硕士。

（五）"大学生乡村医生专项计划"

"大学生乡村医生专项计划"是指各省专项招聘医学专业高校毕业生免试注册为乡村医生到村卫生室服务，加大激励和保障力度，引导大学生乡村医生服务农村、扎根农村。从2020年起，国家卫生健康委在部分省份实施医学专业高校毕业生免试申请乡村医生执业注册政策。

1. 对象条件　具有全日制大专以上学历的临床医学、中医学类、中西医结合类等相关专业应届毕业生（含尚在择业期内未落实工作单位的毕业生）。

身体健康，遵纪守法，服从组织安排，不存在《乡村医生从业管理条例》中不予注册情况的以上实施对象均符合免试申请乡村医生执业注册条件。

2. 补助待遇　按照乡村医生各项补助政策要求，享受在岗村医岗位补助、基本公共卫生服务补助、基本药物制度补助、家庭医生签约服务费等相关补助，同时县医疗集团与大学生乡村医生签订服务协议，并按规定落实相应社会保障待遇。

（六）鼓励高校毕业生到城乡社区就业创业

鼓励高校毕业生到城乡社区就业创业，多渠道吸纳高校毕业生到城乡社区就业创业。加大从高校毕业生中定向招聘社区专职工作人员的工作力度，综合考虑本地高校毕业生数量、报考社区专职工作人员意愿等因素，科学设定定向招聘高校毕业生的社区专职工作人员岗位（以下简称"定向招聘岗位"）数量。定向招聘岗位优先向困难高校毕业生倾斜。

高校毕业生在城乡社区服务领域创业，符合条件的，可申请最高20万元的个人创业担保贷款，由财政给予贴息；鼓励利用社区综合服务设施为高校毕业生在城乡社区服务领域创业提供必要的场地支持。高校毕业生在城乡社区服务领域灵活就业的，符合条件的可申请获得社会保险补贴。对城乡社区组织见习期满的见习人员，可按规定同等条件下优先招录为社区专职工作人员。

三、鼓励高校毕业生应征入伍服兵役政策

（一）高校毕业生预征对象入伍享受"四优先"政策

1. 优先登记申请　登记由县级兵役机关直接办理，夏秋征兵开始前，县级兵役机关必须通知登记时间、地点、注意事项等。被确定为预征候选人的大学毕业生持《应届毕业生预征对象登记表》可以直接向学校或户籍所在地的县兵役机关报名应征。

2. 优先体检和政治审查　体检由县级兵役机关直接进行，夏秋征兵体检前，县级兵役机关应当通报体检的时间、地点和注意事项等。被确定为预征对象的高校毕业生，未能在规定时间内在学校参加体

检的，本人持《应届毕业生预征对象登记表》，可以在征兵体检的时间内报名并参加体检。

3. 优先审批定兵 审批定兵时，应当优先录用通过体检和政审的大学毕业生。

4. 优先安排使用 在安排大学毕业生入伍去向时，可以根据他们的学历、专业和个人特长，优先考虑以下政策措施：根据专业技术要求进行分配，将招收的大学毕业生根据其所学专业和职业技能的需求，优先安排到对应专业技术要求高的部队服役，这样能够充分发挥他们在相关领域的专业知识和技能，为军队提供优秀的专业技术支持。军队在招收大学毕业生时，应充分利用他们的专业知识和个人特长，将其安排到合适的岗位上。这样不仅可以更好地发挥他们的专长，还能够提高军队人员的素质和战斗力。

（二）大学生士兵退役后享受的优惠政策

（1）对于退役入学或复学的学生，免修军事技能训练课程，可以切实减轻学业负担，并结合军事背景进行专业学习。

（2）退役大学生士兵专项硕士研究生招生计划可以为退役士兵提供进一步的学术深造机会，并根据实际需求进行合理的招生安排。

（3）将高校在校生服兵役情况纳入推免生遴选指标体系，有助于鼓励大学生参与国防建设，并为荣立功勋的退役人员提供更多的研究生进修机会。

（4）将考研加分对象范围扩大至高校在校生（包括高校新生），可以为他们提供更多的升学机会和竞争优势。

（5）高校新生录取通知书中附寄应征入伍优惠政策。通过在录取通知书中附上应征入伍优惠政策的宣传单，可以增加新生对入伍政策的了解，并提供相关的政策指导与帮助。

（6）放宽退役大学生士兵复学转专业限制。为退役学生提供更多的转专业机会，有助于他们更好地适应自己的兴趣和职业发展需求。具体的转专业行为需要根据各个学校的规定和程序进行。

（三）国家资助学费

大学生入伍服兵役、退役后返校或者入学，国家实行学费补偿、国家助学贷款代偿、学费减免。学费补偿、国家助学贷款代偿、学费减免标准，本科生每人每年不超过 8000 元，研究生每人每年不超过 1.2 万元。同时，应征入伍者可以从地方政府获得家庭优待金。

四、高校大学生创新创业的相关支持政策

根据《国务院办公厅关于进一步支持大学生创新创业的指导意见》（国办发〔2021〕35 号）的文件内容，对大学生创新创业给予了政策支持，部分指导意见如下。

（一）优化大学生创新创业环境

1. 降低大学生创新创业门槛 持续提升企业开办服务能力，为大学生创业提供高效便捷的登记服务。推动众创空间、孵化器、加速器、产业园全链条发展，鼓励各类孵化器面向大学生创新创业团队开放一定比例的免费孵化空间，并将开放情况纳入国家级科技企业孵化器考核评价，降低大学生创新创业团队入驻条件。政府投资开发的孵化器等创业载体应安排 30% 左右的场地，免费提供给高校毕业生。有条件的地方可对高校毕业生到孵化器创业给予租金补贴。

2. 便利化服务大学生创新创业 完善科技创新资源开放共享平台，强化对大学生的技术创新服务。各地区、各高校和科研院所的实验室以及科研仪器、设施等科技创新资源可以面向大学生开放共享，提供低价、优质的专业服务，支持大学生创新创业。支持行业企业面向大学生发布企业需求清单，引导大学生精准创新创业。鼓励国有大中型企业面向高校和大学生发布技术创新需求，开展"揭榜挂帅"。

3. 落实大学生创新创业保障政策 落实大学生创业帮扶政策，加大对创业失败大学生的扶持力度，按规定提供就业服务、就业援助和社会救助。加强政府支持引导，发挥市场主渠道作用，鼓励有条件的地方探索建立大学生创业风险救助机制，可采取创业风险补贴、商业险保费补助等方式予以支持，积极研究更加精准、有效的帮扶措施，及时总结经验、适时推广。毕业后创业的大学生可按规定缴纳"五险一金"，减少大学生创业的后顾之忧。

（二）推动落实大学生创新创业财税扶持政策

1. 继续加大对高校创新创业教育的支持力度 在现有基础上，加大教育部中央彩票公益金大学生创新创业教育发展资金支持力度。加大中央高校教育教学改革专项资金支持力度，将创新创业教育和大学生创新创业情况作为资金分配重要因素。

2. 落实落细减税降费政策 高校毕业生在毕业年度内从事个体经营，符合规定条件的，在3年内按一定限额依次扣减其当年实际应缴纳的增值税、城市维护建设税、教育费附加、地方教育附加和个人所得税；对月销售额15万元以下的小规模纳税人免征增值税，对小微企业和个体工商户按规定减免所得税。对创业投资企业、天使投资人投资于未上市的中小高新技术企业以及种子期、初创期科技型企业的投资额，按规定抵扣所得税应纳税所得额。对国家级、省级科技企业孵化器和大学科技园以及国家备案众创空间按规定免征增值税、房产税、城镇土地使用税。做好纳税服务，建立对接机制，强化精准支持。

（三）加强对大学生创新创业的金融政策支持

1. 落实普惠金融政策 鼓励金融机构按照市场化、商业可持续原则对大学生创业项目提供金融服务，解决大学生创业融资难题。落实创业担保贷款政策及贴息政策，将高校毕业生个人最高贷款额度提高至20万元，对10万元以下贷款、获得设区的市级以上荣誉的高校毕业生创业者免除反担保要求；对高校毕业生设立的符合条件的小微企业，最高贷款额度提高至300万元；降低贷款利率，简化贷款申报审核流程，提高贷款便利性，支持符合条件的高校毕业生创业就业。鼓励和引导金融机构加快产品和服务创新，为符合条件的大学生创业项目提供金融服务。

2. 引导社会资本支持大学生创新创业 充分发挥社会资本作用，以市场化机制促进社会资源与大学生创新创业需求更好对接，引导创新创业平台投资基金和社会资本参与大学生创业项目早期投资与投智，助力大学生创新创业项目健康成长。加快发展天使投资，培育一批天使投资人和创业投资机构。发挥财政政策作用，落实税收政策，支持天使投资、创业投资发展，推动大学生创新创业。

第三节 就业信息的搜集与利用

一、择业定位的原则

在择业定位过程中，存在若干基本原则可作为决策依据。当前大学毕业生普遍面临职业选择困惑，主要表现为职业方向模糊或目标岗位与用人单位需求不匹配等问题。这些现象反映了毕业生在职业定位过程中存在的挑战。基于择业定位原则，毕业生可系统分析自身条件与就业市场环境，从多元化的行业领域中识别并选择最适配的职业发展路径，从而实现个人特质与职业要求的有效匹配。

（一）择世所需

择世所需原则强调职业发展的动态性与社会需求的关联性。从历史维度来看，各类职业均会经历发展、兴盛、衰退乃至消亡的周期性变化，这种演变本质上是社会需求波动的外在体现。因此，大学生在进行职业探索时，应当采取双重视角，既要评估职业的当前社会价值，又要预判其未来发展趋势。这种前瞻性的职业分析方法有助于毕业生避免因短期行业热度而产生误判，从而选择具有可持续发展潜力的职业路径，实现职业生涯的长期稳定发展。

（二）择己所爱

择己所爱原则强调职业选择与个人兴趣的契合度。在职业决策过程中，个体应当优先考虑自身兴趣取向，积极把握与个人志趣相契合的职业机会。研究表明，职业兴趣与工作满意度呈显著正相关，兴趣驱动不仅能提升工作投入度，还能增强职业持久性。因此，建议毕业生在择业时避免过度关注职业表象特征，而应深入分析自身兴趣特质，选择能够激发内在动机的职业方向，从而实现职业发展的可持续性与个人价值的最大化。

（三）择己所长

择己所长原则强调职业选择与个人能力的匹配性。在激烈的就业市场竞争中，大学生应当系统评估自身的相对竞争优势，准确识别个人核心竞争力与待提升领域。基于清晰的自我认知，毕业生可制订差异化的职业定位策略，充分发挥专业优势，规避能力短板。值得注意的是，专业知识储备是大学生区别于其他求职群体的关键优势，因此在择业过程中应重点关注能够充分发挥专业特长的职业领域。同时，建议通过多元化渠道持续跟踪目标行业的发展动态与人才需求变化，及时调整职业定位策略，以增强就业竞争力。

（四）择己所利

职业作为个体在社会中实现生存与发展的基本途径，是大学生实现自我价值的重要载体。在职业选择过程中，追求收益最大化是合理的决策目标，但收益范畴应超越单一的薪酬维度，涵盖社会地位、职业成就感和劳动投入等多重因素。建议大学生构建多维度的收益模型，通过系统权衡各变量关系，寻求最优解。科学的职业决策应当综合考虑社会需求、个人兴趣、能力特质及发展诉求等关键要素，经过全面分析与评估，最终确定最优的职业发展方案。

二、搜集就业信息的方法

（一）就业信息的含义和内容

就业信息是指通过各种媒介传递的与就业相关的信息。狭义的就业信息指的是用人单位发布的招聘信息；广义的就业信息包括国家针对大学毕业生就业制定的方针、政策与法规，地方制定的相关就业政策，以及用人单位的性质、人员组成、经营状况、发展潜力、办公环境等内容。在大学生的求职过程中，就业信息起到了至关重要的作用，它不仅是大学生选择职业的基础，也是大学生做出就业决策的关键依据，更是大学生实现顺利就业的根本保证。就业信息贯穿于整个职业规划与发展历程，包含以下内容。

1. 就业政策信息　大学生要了解国家、地方、行业及学校针对大学毕业生就业所发布的相关政策和条例，例如《中华人民共和国劳动法》（以下简称《劳动法》）、《中华人民共和国劳动合同法》（以下简称《劳动合同法》）、《中华人民共和国反不正当竞争法》《国家公务员暂行条例》等。对这些政策和条例进行学习，大学生不仅能了解国家的就业方针、原则，而且可以根据政策准确地找到职业发展的"风口"。此外，熟悉就业协议的签订流程、户籍和档案的转移流程对于确保就业过程顺利进行至关重要。

2. 就业形势信息　大学生需要了解我国经济新常态下的就业形势及人才需求的特点，通常包括社会经济发展形势、社会各行业及各类企事业单位的经营状况，以及对大学毕业生的需求等。尤其要了解本校、本专业的社会需求情况，以及用人单位对大学毕业生的基本要求等。

3. 招聘单位与招聘岗位信息 招聘单位信息，包括用人单位的经营状况、文化背景、发展前景、工作环境、对人才的重视程度及对大学毕业生的具体安排等。招聘岗位信息，包括岗位名称、工作职责、任职要求（专业、学历、外语水平、计算机能力、专业知识与技能）、福利待遇及应聘者以后的发展路线等。

4. 就业活动安排信息 就业服务活动信息涵盖多个关键时间节点，包括校园招聘会的举办时间、企业专场宣讲会的安排、就业指导讲座的日程以及优秀毕业生经验分享会的时间规划等。这些活动构成了系统化的就业服务体系，为毕业生提供多元化的就业支持与指导。建议毕业生密切关注学校就业指导中心发布的官方日程安排，合理规划参与时间，以充分利用各类就业资源，提升求职竞争力。

（二）搜集就业信息的主要渠道

1. 高校就业主管部门 高校就业主管部门在毕业生就业工作中发挥着核心枢纽作用。随着高校毕业生就业制度改革的深入推进，就业主管部门已成为连接用人单位与毕业生的重要桥梁。其主要职能包括：组织校园招聘活动，通常在每年10月至次年5月期间举办各类招聘会；收集和发布就业信息，通过电话、网络等渠道获取并整理用人单位需求；向用人单位推介应届毕业生资源。就业主管部门所提供的信息具有数量大、针对性强、准确度高的特点，是毕业生获取就业信息的主渠道。

此外，高校就业主管部门与上级就业指导机构保持密切联系，负责传达国家就业政策、就业方案等重要信息。然而，部分毕业生尚未充分认识到就业主管部门的重要性，倾向于参与社会招聘活动而忽视校内就业资源。需要明确的是，高校就业主管部门以促进学生就业为核心工作目标，其专业团队致力于为毕业生提供全方位的就业支持。建议毕业生充分重视并有效利用这一优质资源，将其作为求职过程中的主要依托，以实现更高效的就业目标。

2. 各种类型的高校毕业生就业招聘会 为做好每年的毕业生就业工作，各省市、各行业及各高校会举办规模大小不等的人才招聘会、毕业生就业双选会等。这些就业活动不仅信息量大，而且可以使毕业生和用人单位的招聘人员见面洽谈，是毕业生求职的一条重要途径。各省市毕业生就业主管部门举办的毕业生双选会，呈现出按行业类型划分专场举办的趋势，专门面向某一类求职者或邀请某一行业的招聘单位参加，针对性较强。

随着高校在毕业生求职过程中的作用越来越大，由高校举办的校园招聘会也越来越成为毕业生获取就业信息、与用人单位接洽的重要渠道。在学校举办的招聘会上，用人单位针对本校毕业生选聘人才，就业信息针对性强，毕业生个人的经济投入不大，且用人单位经过学校筛选，就业安全性高。因此，学校举办的招聘会越来越受到毕业生的重视。

3. 新闻媒体 许多用人单位通过新闻媒体，如广播、电视、网络、报纸、杂志等，介绍企业现状、发布人才需求，从而成为一个巨大的、多方位的信息源。目前，我国有很多关于高校毕业生就业指导的报纸、期刊等，在上面会登载有关就业的信息和招聘信息，如教育部主办的《中国大学生就业》等；也有地方主办的全国发行的就业指导报纸，如北京的《北京人才市场报》、广州的《南方人才报》、上海的《人才市场报》等。这些报纸、杂志是高校毕业生搜集就业信息的一大渠道。

通过新闻媒体渠道获取就业信息时，建议遵循以下流程：首先，投入必要的时间成本进行信息搜集与整理；其次，基于信息发布时间、招聘条件等关键要素进行筛选分析，确定目标用人单位；最后，注重信息时效性，在获取有效就业信息后及时采取应聘行动。这种系统化的信息处理方法有助于提高就业信息利用效率，增强求职成功率。

随着信息技术的发展与互联网的普及，网络求职已成为高校毕业生获取就业信息的重要渠道。当前，大学毕业生主要通过两种途径进行网络求职：其一，访问各省市高校毕业生就业主管部门及高校官方就业信息平台，进行简历投递与职位查询；其二，利用专业招聘网站获取就业信息。网络求职具有效率高、成本低、信息量大的显著优势，突破了传统求职的地域限制。毕业生可通过网络平台实时获取用人单位招聘信息，建立双向联系，实现简历投递与信息交互，极大地提升了求职效率与机会获取率。这种数字化求职方式已成为现代就业服务体系的重要组成部分。

4. 实习实训单位   当前用人单位普遍将实践能力作为人才选拔的重要标准，多数企业在正式聘用前均设有实习实训期。实习实训作为职场预演，为毕业生提供了宝贵的实践平台。这一过程具有双重价值：其一，使企业能够系统评估毕业生的职业素养与工作能力；其二，帮助毕业生深入了解职场环境与岗位要求。值得注意的是，实习期间的表现直接影响就业机会，优异的表现往往使实习生成为用人单位的优先录用对象。因此，实习实训不仅是能力提升的重要途径，更是实现就业的有效渠道。

5. 社会关系网络   毕业生应当充分利用多元化社会网络拓展就业信息渠道，包括专业教师、亲属、校友及社会关系等。这些渠道具有信息获取迅速、准确性高的特点，可作为传统求职方式的有效补充。据统计，相当比例的毕业生通过社会关系网络实现就业。然而，需要注意的是，此类信息可能存在提供者个人认知局限与信息偏差。特别建议毕业生重视专业教师的就业指导，因其对行业发展动态、区域人才需求及学生专业适配度具有更深入的了解，能够提供更具针对性和可行性的就业建议，从而显著提升求职成功率。

利用社会关系获取求职信息需要注意以下几个方面：首先，针对目标用人单位主动寻求反馈意见，提供清晰简历并阐述职业规划与求职意向，促进双向信息交流；其次，重视各类社交渠道获取的信息，及时表达感谢与认可，深入挖掘信息的潜在价值；再次，明确推荐人信息使用权限，尊重推荐人意愿，维护推荐关系网络；最后，及时反馈求职进展，适时表达感谢，保持长期联系。需要强调的是，求职渠道的选择固然重要，但更重要的是培养信息甄别能力，科学管理求职信息，制订针对性的求职策略，以实现最优的求职效果。

（三）就业信息的筛选和使用

1. 就业信息的筛选   就业信息的筛选，即毕业生根据自身的求职需要对所搜集到的就业信息进行一定的筛选。换言之，就是做好去伪存真、去粗取精的工作，这是处理就业信息的关键一步。筛选就业信息需要做到以下三点。

（1）鉴别真伪，进行可信度分析   就业信息的准确性与真实性是影响毕业生职业决策质量的关键因素。从信息可靠性来看，高校就业主管部门提供的信息具有较高的可信度，而其他渠道获取的信息则需经过严格核实。特别是在招聘信息甄别方面，建议采取以下规范化流程：首先，核实信息发布主体的合法性与真实性；其次，重点核查小微企业的经营资质与运营状况；最后，通过多渠道交叉验证信息的时效性与准确性。建立以上信息验证策略，有助于毕业生规避求职风险，做出科学的职业决策。

具体可以使用如下方法查验企业的信息。

1）查询国家企业信用信息公示系统。该系统是提供全国企业、农民专业合作社、个体工商户等市场主体信用信息的填报、公示、查询和异议等功能的网络平台。系统公示的信息来自市场监督管理部门、其他政府部门及市场主体。通过输入名称或统一社会信用代码，可以查询到市场主体的注册登记、许可审批、年度报告、行政处罚、抽查结果、经营异常状态等信息。

2）查询全国法院失信被执行人信息。中国执行信息公开网是中华人民共和国最高人民法院建设的司法公开三大平台之一，公布了全国法院失信被执行人名单。从此平台上查询被执行人，可以知晓企业在法务或财务方面是否存在重大问题。

3）查询商务部直销行业管理系统。在该系统上可以查询合法的直销企业及其直销产品。根据国家相关法规规定，从事直销业务的企业必须依法在商务部完成备案登记。未取得商务部直销经营许可备案的企业，均不具备合法直销经营资格。

4）在核实企业资质时，建议查询其官方网站的备案信息。根据《互联网信息服务管理办法》规定，合法运营的企业网站必须在页面底部显著位置公示 ICP 备案号。该备案号是验证网站合法性的重要标识，建议求职者仔细核查并确认备案信息的真实性与有效性。

5）通过专业企业信息查询平台进行资质核查。这些平台可以提供包括法人信息、注册时间、注册资本、经营范围及市场竞争情况等在内的多维企业数据。建议求职者综合运用多个平台的信息进行交叉验证，以确保所获信息的准确性与全面性。

6）职业信息平台提供包括企业员工评价、面试经验分享及薪酬概况等多元化信息。这些用户生成内容虽具有参考价值，但需注意其可能存在的信息偏差与真实性风险。建议求职者结合多方信息进行综合判断，同时注意甄别可能存在的夸大或不实信息，以确保决策依据的可靠性。

（2）分清主次　在对就业信息进行甄别的同时，应依据信息的关键性与重要程度进行排序，从而精准筛选出核心信息，并对其进行明确标注与妥善保存。若无法准确区分信息的主次，容易导致在大量非关键信息上投入过多时间和精力，进而错失择业的有利时机，对职业发展造成不利影响。

（3）深入了解　对于重要的职业信息，通过调研全面了解其具体内容，包括但不限于该职业岗位的发展历史、现状、未来前景、从业条件、工作职责以及行业动态等。此外，还需结合自身情况，对个人的专业背景、技能特长、综合素质等进行全面评估，分析其是否契合招聘岗位的要求。同时，对招聘信息中涉及的薪资水平、工作环境、工作地点等要素，需结合个人职业期望与生活需求进行深入考量。只有通过深入、全面且细致地了解与分析，才能精准定位适合自身发展的目标职位。

2. 就业信息的使用　由于就业信息时效性强、数量大、种类多、范围广，因此有效地使用就业信息是非常必要的。在处理和使用就业信息时，应该做到以下几点。

（1）善于挖掘　在就业信息的处理过程中，信息的价值往往并非显而易见，需要通过深入思考与充分论证才能得以显现。因此，信息的效用并非取决于信息本身，而是取决于使用者的分析与应用能力。对于收集到的就业信息，应进行反复研读与深度剖析，以挖掘其中潜在的价值内容。只有通过系统性分析与批判性思维，才能将看似普通的信息转化为具有实际意义的决策依据。

（2）迅速反馈　就业信息具有显著的时效性，其价值与时间密切相关。及时有效地利用就业信息，能够将其转化为重要的职业发展资源；反之，若未能及时把握，则可能导致就业机会的流失。用人单位的招聘岗位通常具有明确的时间限制，岗位空缺不会长期存在。因此，一旦发现符合自身职业规划和能力条件的理想岗位，应迅速采取行动，及时投递简历或与用人单位进行沟通联系。在决策过程中，应避免犹豫不决，以免错失宝贵的就业机会。

（3）积极分享　面对可能对他人更具价值的就业信息，主动分享是一种互利互惠的行为。共享信息不仅有助于帮助他人拓宽信息获取渠道，同时也能通过真诚交流增加自身的人际关系资源和信息获取机会，从而形成良性循环。

（四）建立就业信息库

面对海量职业信息，许多毕业生往往陷入信息过载的困境，难以有效获取和利用就业信息。建立个人就业信息库是解决这一问题的有效方案。通过系统化的信息收集、分类存储和定期更新，可以帮助毕业生提高信息处理效率，优化求职决策质量，提升就业准备效果。

毕业生可以通过学校就业主管部门、招聘会、新闻媒体和社会关系等渠道搜集就业信息，并将合适的信息填写在个人就业信息库中，如表 6-1 所示。

表6-1 就业信息库

招聘岗位	岗位职责	岗位要求	工资待遇	公司名称	公司性质	公司规模	公司地址	联系方式	信息来源

需要注意的是，就业市场上的招聘信息处于随时更新的状态，因此毕业生应养成好习惯，动态化管理就业信息。例如，每天检查电子邮箱，及时删除失效的就业信息；经常浏览招聘网站，保持信息更新。

三、招聘简章解读思路

（一）招聘简章的构成要素

招聘简章是招聘流程中的关键文件，它包含了公司招聘的具体信息和招聘要求。一份完整的招聘简章应当清晰、简洁、明了，以确保求职者对职位的要求和公司的期望有清晰的认识。招聘简章通常由以下五部分组成。

1. 企业介绍 公司介绍是招聘简章中比较重要的组成部分，主要包括公司的发展史、企业文化等多个方面的内容。传统的介绍主要是用文字和图片来表达，但如今新媒体成为招聘的热门途径，许多企业通过视频和直播互动等方式进行企业介绍，使企业亮点展现得更加生动。求职者可以通过企业介绍了解公司性质、企业文化、发展规模等信息。

2. 岗位职责介绍 岗位职责介绍是对所招聘的岗位的一些详细介绍，是每一个岗位所要负责的具体工作内容，突出展现了企业对工作成果的要求。专业而精准的岗位描述能够吸引符合岗位要求的优秀人才主动投递简历。此外，岗位介绍中一般还会注明每个岗位的招聘人数。

3. 任职要求 任职要求主要是指岗位的任职条件，如学历、工作经验等，既包含性格、能力、素质等软技能，也包含资格证书、项目经验、实习经历等硬技能。

4. 福利待遇 福利待遇包括基本工资、奖金、津贴等工资性收入，还包括法定节假日礼品、带薪休假、五险一金及食宿等福利性待遇方面的内容，是求职者比较关注的部分。

5. 招聘流程 部分招聘简章会列出招聘流程和时间安排，以帮助求职者了解招聘过程的各个环节，以及何时可以得到反馈。此外，该部分内容还会注明招聘方具体的联系方式，如简历投递邮箱、联系电话、联系人等信息。

（二）解读招聘简章

很多人阅读招聘简章只是简单地注意招聘的企业、岗位、作息时间、工作地点和待遇，其实这些信息还不足以解读招聘信息背后隐藏的内容。除了字面上的阅读，求职者还需要深入解读招聘简章的各要素所包含的信息。

1. 解读招聘企业 在解读招聘企业时，应从多方面入手，全面了解企业情况。首先，阅读招聘简章中的企业简介是基础步骤。企业简介通常涵盖企业性质、成立时间、主营业务、目前规模（包括营收规模、市场规模、员工总量等）以及所属行业等关键信息。这些内容能够为求职者提供企业基本情况的初步认知。

此外，访问企业的官方网站是深入了解企业的重要途径。若企业未设立官网，通常表明该单位规模较小，其经营管理可能尚未达到具备明确的企业愿景、战略目标、经营理念及人才观的成熟阶段。相反，若企业拥有官网，则需详细查看其发展历程，以判断企业当前处于初创、发展还是成熟阶段。企业官网中的新闻更新频率和大事件简讯也具有重要参考价值。通过新闻的主题内容，可以判断企业是更关注经营业绩还是内部管理与人才成长；而新闻的更新频率则能反映企业的成长速度以及对企业文化建设的重视程度。

例如，在 2024 年查看某企业的官网时，若发现其最近的企业新闻发布于 2021 年，且近一两年内未有更新，这在一定程度上可能表明该企业面临发展瓶颈或转型挑战，或者在内部管理方面存在不足，导致对外宣传和信息更新不够及时。此外，若官网新闻内容多集中于过去的成就和荣誉，而缺乏对未来发展规划和战略的描述，则可能表明该企业在创新能力和前瞻性方面存在不足。

2. 解读招聘岗位　对招聘岗位的解读，主要是看职责描述或者岗位介绍。同样的岗位，在不同的企业会有很大的用人需求差异，具体就表现在职责描述上。例如，同样是招聘人力资源经理，A 公司因为业务拓展、市场扩张或人员流动大，而将重点放在人力资源经理的招聘职能上，那么在岗位职责的描述中就会突出招聘职能的要求；B 企业由于经营稳定，需要加强管理，因此在人力资源经理的招聘信息中更突出人才梯队建设和绩效管理优化的职责要求。

3. 解读任职要求　任职要求关系到求职者与岗位的匹配度及求职成功的概率。对于求职者而言，要注意比对自身资格条件与任职要求的匹配度，同时在投递简历和面试的过程中对满足任职要求的个人条件进行突出描述，以展现亮点。对于在校大学生而言，则可根据任职要求比对自身的不足之处，在大学期间进行针对性的知识学习和能力提高。

4. 解读薪酬待遇　在招聘信息的薪酬待遇部分，不仅包括基本月薪，还涵盖年终奖金、绩效奖金以及其他福利政策等重要组成部分。求职者需综合考量这些要素，以全面评估该岗位的薪酬体系是否具有竞争力和吸引力。

5. 解读工作地点　在解读招聘信息时，工作地点的分析至关重要，建议重点关注以下方面：进行地理位置分析，包括总部与分支机构分布、实际工作地点与招聘部门关系、驻外或出差要求；评估办公场所，考察所在区域商务环境、办公物业性质（自有/租赁）以及办公场所规模与配置；通过办公场所区位价值、物业持有情况和办公环境标准等指标判断企业规模。分析工作地点的各项指标，可以间接评估企业的经营规模、资金实力和发展稳定性，为职业选择提供重要参考依据。例如，核心商务区自有物业通常反映企业较强的资金实力，而商务公寓办公则可能暗示企业处于初创或小型发展阶段。

通过解读招聘简章所包含的显性和隐性的内容信息，再结合求职者自身的职业规划和需求，就可以离意向求职企业及岗位更近一步。

行动体验

参考范例

完成就业赛道职业测评

活动目标

全国大学生职业规划大赛平台为就业赛道中意向在企业就业的参赛选手，提供了"职业测评"功能，帮助选手更好地了解行业和企业职能。

活动说明

1. 登录平台：访问全国大学生职业规划大赛官网，使用个人学信网账号登录。

2. 进入测评模块：找到并点击"职业测评"入口，根据提示完成测评。

注意要点

1. 认真作答：真实回答每一个问题，以确保结果的准确性。

2. 获取报告：完成测评后，获得详细的职业测评报告，了解适合的职业领域、岗位职能及对应技能等建议。如有疑问，可寻求职业指导老师的专业解读和支持。

书网融合……

微课　　　　　　　　习题　　　　　　　　本章小结

第七章　提升求职技能

PPT

学习目标

1. 通过本章学习，掌握简历的投递方式；熟悉简历的写作技巧；了解求职需要准备的材料，了解笔试和面试的类型。

2. 具有制作一份符合要求的求职简历的能力，具有根据自身的优势完善简历的能力，具有应答笔试和面试表达的能力。

3. 树立对简历制作的严谨态度，树立面试及笔试环节的充分准备的意识，养成从用人单位视角审视求职问题的思维习惯。

第一节　准备求职材料

求职材料是求职者向用人单位展示自身优势和求职意向的重要工具，包括简历、求职信等。简历简洁地呈现个人信息、教育背景、工作经验等，求职信补充表达语言能力和求职热情，作品集、推荐信、证书等进一步彰显专业成果和可信度，共同助力求职者在竞争中脱颖而出，提高求职成功率。

一、简历的制作

（一）简历的内容

简历作为求职过程中的关键文件，其质量直接影响求职成功率。简历应当包含简明准确的个人信息、重点突出的教育背景、量化呈现的工作经历和针对性强的技能证书等内容要素，并采用结构清晰、语言精炼、格式规范的呈现方式。在投递策略上，针对岗位定制简历，选择合适的投递渠道，并把握最佳投递时机。简历制作与投递的质量直接决定了求职者能否获得面试机会，是求职过程中至关重要的环节，建议求职者投入必要精力，制作专业化、个性化的简历，并采取科学的投递策略，以助力求职成功。一份合格的简历应该包括以下内容。

1. 个人信息　个人信息主要包括求职者的姓名和联系方式，内容应该简洁、直观、清晰，不需要多余的信息。

在简历制作过程中，个人信息可分为必需信息和可选信息两类：必需信息包括姓名、联系方式（手机、固定电话号码、电子邮箱）；可选信息包括性别、年龄、地址、政治面貌、籍贯、民族、照片等。

（1）姓名　中文简历一般直接写出名字，以二号黑体加粗字体来突出表示，但如果姓氏或名字比较生僻，最好在旁边标注上汉语拼音，这体现了"读者意识"，也可以为简历加分。

（2）地址　一般应以当前能够联系到求职者的邮寄地址为准，然后注明邮编。当然，目前简历投递以互联网方式居多，邮寄方式越来越少，所以邮寄地址一般可以不写，除非用人单位要求。在有些公司的简历筛选标准中，特别是一些中小企业，求职者的居住地址也是考核标准之一。如果求职者的居住地距离用人单位较近，那么招聘人员也会优先考虑。

对于异地求职的学生来说，在简历中注明自己身处用人单位所在城市显得至关重要。例如，某学生就读的高校在沈阳，所应聘的公司在上海，而他本人目前也在上海，那么在简历的地址信息中，就应该写明在上海居住的地址。利用地址信息，也可以让招聘人员明显看到你是否方便参加面试。

（3）联系方式　对于手机号码来说，建议采用"3－4－4原则"（也可以采用"4－3－4原则"或者"4－4－3原则"），如188－1038－×××。对于固定电话，一般要加地区区号。注意，在求职阶段，一定要时刻保持手机畅通，及时接听用人单位的来电，以免错过难得的机会。

（4）电子邮箱　在邮箱用户名的设置上，建议优先采用中文名字拼音，如果被占用的话，还可以采用"英文名＋中文姓氏""中文拼音＋数字（注册日期、生日等数字）"等形式，总的原则是不要过于复杂。

根据用人单位的性质、行业类型和岗位要求，个人信息除了以上必有信息字段外，还可以增加政治面貌、籍贯、年龄等其他可选项目。

需要注意的是，在个人信息部分，只要清楚明了地将个人姓名标在简历标题即可。要避免在简历页眉处加上"个人简历""简历""我的简历"等字样，这种做法多此一举。

2. 求职意向　求职意向是应聘简历中的核心内容，应该尽可能明确，并与自己的专长、兴趣等一致。求职意向要切中要点，切忌空泛。撰写求职意向时应注意两个方面：一是求职意向应做到语言精练、概括性强，要避免含糊笼统、无针对性；二是一份简历注明一个求职意向，如果有多个求职意向，最好分别撰写不同的简历。每一份简历都要针对用人单位的特点和要求突出相应的重点。

3. 教育背景　教育背景部分通常采用时间逆序的方式呈现，即从最近的学历开始，依次向前罗列。教育背景主要涵盖个人从大学阶段至毕业前所获得的学历信息，且各阶段的时间应保持连贯性，确保简历内容的完整性和逻辑性。若求职者为硕士研究生毕业，则应将硕士阶段的学习经历置于最前，随后依次列出本科及其他相关学历。通常情况下，大学以前的高中及以下阶段的教育经历无需在简历中呈现。然而，若在高中阶段获得过特别突出的奖项或具有显著的成就，如全国数学奥林匹克竞赛一等奖、高考状元等，可在简历中适当提及，以突出个人的学术能力和优秀表现。

在应届生简历中，教育背景也包括必需信息和可选信息：必需信息包括教育经历、学校、专业等；可选信息包括相关课程、平均成绩点数、排名等。

（1）教育经历　教育经历是展示求职者学术背景和学习历程的重要部分。每段教育经历均需明确标注学校名称、专业名称以及起止日期。起止日期的标注不仅有助于招聘人员精准了解求职者的毕业时间，还能清晰呈现求职者接受教育的完整轨迹，从而为招聘人员提供求职者学习经历的连贯性和时间跨度的直观信息。

（2）专业　如果求职者应聘的是专业对口的职位，那么专业最好加粗强调；若是跨专业求职，但有双学位或者有相关的辅修经历，那么辅修的专业要加以强调。如果求职者就读的主专业与职位要求不对口，且没有学习过相关课程或者辅修经历，那么可能就需要在简历中淡化教育背景，转而强调其他与职位相关的实习经历或者社会实践经验。总而言之，应根据职位和自身情况做到突出优势，规避劣势。

（3）相关课程　一般来说，若求职者的专业与应聘职位高度相关，则无需详细列出课程内容。招聘人员通常会基于专业名称对求职者的知识体系有基本判断，因此，除非职位特别要求，一般可省略课程列示。若专业与应聘职位要求不完全一致，但求职者具备该专业的第二学位或选修过相关课程，则可在简历中适当列出与职位相关的主要课程。列示课程时，应选择与职位最为相关的3至4门核心课程，以突出求职者的专业能力和知识储备。应避免罗列过多课程，以免分散招聘人员的注意力，降低简历的针对性。若课程成绩优异，可在课程名称后标注相应的成绩，以进一步证明求职者的学术能力和专业水平。成绩标注应简洁明了，通常采用"课程名称：成绩"的形式，例如"高等数学：90分"或"课程名称：A＋"。

（4）平均成绩点数（GPA）　若求职者的平均成绩点数（GPA）较为出色，可在教育背景部分予以列示，并附上相应的说明性文字，以增强简历的说服力。使用具体数字来说明学习成绩，能够直观地展示求职者的学术能力，同时为招聘人员提供一个量化评估的依据。

GPA应准确无误，保留适当的小数位数（通常为两位），并明确标注评分标准（如满分4.0或100分制）。例如"GPA 3.8/4.0"或"平均成绩：85/100"。附上说明性文字，如"专业排名前5%""班级第一""优秀毕业生"等，以进一步突出成绩的优异性。

4. 实习经历　实习经历通常是个人简历中极为重要的组成部分。对于求职者而言，实习经历能够直观地反映其在实际工作环境中的实践能力与专业技能，尤其是当实习内容与应聘职位的业务需求高度相关时，其在简历筛选阶段的优势将尤为显著。相关的工作实习经历能够直接体现求职者对职位要求技能的掌握程度，为招聘人员提供有力的参考依据。

以下是实习经历中各项信息的具体撰写要求。

（1）工作时间的描述与布局　工作时间是指用于描述工作时间段的具体信息，它在实习经历的描述中占据重要位置。实习经历的时间长度可以作为招聘人员判断应聘者实际工作经验丰富程度的重要标准之一。在实习经历的描述中，工作时间段通常置于行首或行尾，其具体位置应根据个人经历的实际情况进行调整，以突出关键信息并增强简历的针对性和专业性。

置于行首：当实习时间相对较长时，如三个月以上，尤其是半年及以上，建议将时间段置于行首。这种布局方式能够突出实习经历的持续性和稳定性，使招聘人员在第一时间了解到求职者具有较为丰富的实践经验。

置于行尾：当实习时间较短，如一到两个月，但实习公司具有较高的知名度，或者实习公司与应聘公司业务相关度较高时，建议将实习公司名称置于行首，将时间段置于行尾。这种布局方式能够突出实习公司的优势，吸引招聘人员的注意力，同时表明实习经历虽短但具有高质量和相关性。

（2）实习公司/组织全名　实习公司名称应采用加粗字体，以突出显示，便于招聘人员在浏览简历时迅速捕捉关键信息。若实习公司的全称较为复杂，或为广为人知的知名企业，可直接使用其简称。简称应为大众所熟知的名称，避免使用不常见的缩写或全称，以免造成理解上的困扰。

（3）实习公司简介　对于招聘人员可能不熟悉的某些行业内的公司、新成立的公司或规模较小的公司，可在公司名称后适当地使用一句话进行简要介绍。此介绍旨在为招聘人员提供公司背景的快速参考，帮助其更好地理解实习经历的相关性和重要性。

（4）部门名称　在实习公司名称之后注明职位所属的部门，并加粗显示。

（5）职位名称　职位名称是描述工作或实习经历的核心要素之一，其重要性不言而喻。职位名称不仅是招聘人员浏览简历时的关键查找点，也是对工作内容和职责的集中体现。因此，职位名称的表述应准确、清晰且具有针对性，以确保招聘人员能够迅速识别求职者的专业背景和技能匹配度。

（6）实习具体内容　实习具体内容是展示求职者实际工作能力和专业素养的核心部分。此部分应使用简洁、准确的语言描述实习期间的具体工作内容和职责，并通过数据、指标等方式突出个人取得的成果和对实习公司的贡献。

5. 社会实践　社会实践是展示学生综合素质和能力的重要部分。社会实践包括社团活动、志愿者活动、创业比赛等，这些经历能够体现求职者的社会责任感、团队合作能力、领导力以及专业技能。社会实践的描述格式、方法和原则与实习经历类似，应突出与应聘职位相关的经历，同时使用具体数据证明成果。

6. 奖励情况　在简历中描述奖励情况时，应特别注重奖励的级别、特殊性以及含金量的体现。通过明确奖励的难度、获奖范围或级别，并以数字形式加以量化，能够直观地向招聘人员展示奖励的重要性和个人的优秀表现。同时，应保留与应聘职位相关的奖励，确保格式清晰有序、层次分明，以提升简历的专业性和吸引力。

7. 其他个人信息

（1）兴趣爱好 兴趣爱好应在公司明确要求或与岗位高度相关时才予以呈现。所选择的兴趣爱好应能够体现求职者的职业素养和岗位适配性，突出与应聘职位相关的特长。例如，应聘市场营销岗位时，可提及对市场趋势研究、社交媒体运营等兴趣；应聘技术岗位时，可强调对新技术探索、编程实践等兴趣；应聘创意设计岗位时，提及对绘画、摄影等艺术类兴趣爱好，能够体现求职者的创意和审美能力。在一般情况下，建议将有限的简历篇幅优先用于展示更直接相关的职业能力与经验，以确保简历的核心内容突出且专业性强。

（2）自我评价 在撰写自我评价时，应紧密结合应聘职位的特点，以正式、严谨的语言分别用一句话总结与岗位相关的各项素质。例如，应聘销售类岗位时，应强调沟通能力、抗压能力、责任心等关键素质。

（二）简历的写作技巧

1. 使用关键词表达 数字与比例是简历中的"关键词"，是描述专业技能或成就的亮点，也是招聘人员在简历中关注的对象。例如，"班级成绩排名前5%"会比"学习成绩优异"更有说服力；"独立编辑30份报告"会比"具备较强的文字写作能力"更生动形象。

在撰写简历时，需精准挑选与应聘职位、公司及行业紧密相关的关键词，将其巧妙嵌入技能专长、工作经验、项目经历等相应板块，并采用清晰、准确、具有说服力的描述方式呈现，以真实展现个人能力和价值，增强简历的针对性和吸引力。

基于普遍性和特殊性，简历中的关键词可以分为以下两个方面。

（1）一般性的关键词 这类关键词表示的技能或者素质通常为大多数工作所需要的，如团队合作能力、策划能力、计算机运用能力（如 Word、Excel 等软件的使用）、英语能力（CET－4、CET－6）、沟通能力等。

（2）与职位相关的关键词 不同职位对应聘者的相关技能和素质的要求会有所差异，一般与职位的工作内容和工作性质相关。

招聘信息中对职位的职责描述及应聘要求是分析关键词的依据，求职者要学会解读招聘信息中出现的字面信息和隐藏在字面信息背后的关键词，然后结合个人经历，在简历的对应部分呈现这些关键词。

如果在应聘的职位中没有详细的岗位职责及职位要求的说明，那么建议求职者通过查找其他公司类似职位的招聘信息说明来进行分析。同时要结合自身的背景和经历，在简历中突显相关的关键词。对于与职位相关的关键词，求职者可以在教育背景、实习经历、培训经历及职业技能中体现。英文书写及表达能力可以通过英语证书或英语奖项体现，而 Office 办公软件的运用能力则可以在计算机技能中体现。

2. 使用行为词表达 在描述个人经历（如实习、工作、社会实践等）时，应采用清晰、详细且具有动作性的行为词（即行为动词）来叙述具体职责和成果。这种描述方式不仅能够突出个人的主动性和实际贡献，还能使简历内容更具说服力和针对性。行为词的使用形式通常为以行为词开头的短句群。以下是部分常见的行为词。

（1）表示个人成就 简化、实现、执行、提升、创造、完成、改造、改进、激励、扩大。

（2）表示指导他人 建议、阐明、指导、传授、辅导、教导、协助。

（3）表示行政管理能力 引导、详细制订、分配、建立、呈递、供应、支持。

（4）表示领导能力 主持、发起、指派、制订、处理、决定、指挥、监督。

（5）表示人际沟通能力 说服、沟通、报告、拜访。

（6）表示组织、计划能力 计划、组织、参加、管理。

（7）表示创新、创造能力 设计、发明、发起。

（8）表示研究、逻辑分析能力 评估、调查、核实、检查、研究、搜索、观察。

3. 使用数字表达 在撰写简历时，应充分挖掘个人经历中能够使用数字进行量化的部分。相较于大段的文字描述，数字能够更直观、更有力地突显个人亮点，吸引招聘人员的注意力。具体数字不仅能够清晰地展示个人的业绩和能力，还能增强简历的可信度和说服力。例如，"帮助部门提升销售业绩高达70%""获得赞助费用1200元"等。因此，对于所有可用数字量化的成就和亮点，应毫不犹豫地采用具体数字进行表达。

4. 使用结果表达 在简历中，求职者除了要清晰地呈现自己的工作经历，还应着重通过具体成果来彰显自身素质、能力和经验。通常，以客观的成绩、业绩和成就来表达，更能赢得招聘人员的青睐，有效传递出求职者胜任应聘职位的强烈信号。

5. 相关性原则 简历必须针对应聘职位量身定制，不能一概而论。无论是运用关键词还是描述实习经历，都应紧扣这一核心原则：简历的每个部分都应尽可能与应聘职位紧密相关，以彰显个人与岗位的高度契合度。相关性原则要求求职者能够在众多社会实践经历、实习经历中选择与职位最相关的经历。

二、准备辅助证明材料

能够证实个人具备特定素质和能力的书面文件，都可以整理为辅助证明材料。常见的辅助证明材料包括：毕业证、英语等级证书、计算机等级证书、荣誉证书和获奖证书、职业资格证书、专业技能证书、成绩单、参加社会实践和毕业实习的鉴定材料、相关科研成果证明及在报刊发表的文章等。

证明材料多用复印件，如果材料较多，建议使用目录，便于招聘人员审核。准备证明材料时应注意保持真实性，内容简洁准确、联系方式明了。求职者要熟悉相关证明材料，以便在面试过程中准确合理地回答用人单位就材料中有关内容的询问。

知识拓展

求职信示例

尊敬的×××先生：

您好！昨天，我在×××网站见到贵公司的招聘公告，获悉贵公司正在筹备扩大业务，招聘药物分析研究员，特冒昧写信自荐。

半年之后，我将从×××大学药学专业毕业，在校学习期间学过药物分析和药物化学等专业课程，各科学习成绩优秀，连续两年获得"一等奖学金"和"优秀学生干部"称号。我曾在学校实验室参与了多个药物分析项目，积累了丰富的实际操作经验。此外，我积极参与药品质量控制和药效学评价的实习，这些经历使我对药物分析有了更深入的理解，并提升了实践能力。

我举止稳重，办事认真，具备良好的团队合作精神和沟通能力，这使我能够在高压环境下保持高效的工作状态。由于家庭成员从事医药行业，我从小便在耳濡目染中对医药领域产生了浓厚的兴趣。

我十分渴望参加贵公司的这场面试，希望公司能够给予我这个机会。如果药物分析研究员岗位已有比我更合适的人选，我也愿意从事贵公司其他与我的专业和能力相匹配的职位。如果能安排面试，我一定准时到达。

此致

敬礼

自荐人 ×××

×年×月×日

三、简历的有效投递

获得面试机会不仅取决于简历内容是否吸引用人单位，简历的投递技巧同样对求职成功具有重要影响。毕业生投递求职材料的途径主要有现场投递、网络投递和登门投递三种。

（一）现场投递

最常见的现场投递求职简历的场合就是人才招聘会。投递求职简历前，要仔细检查各项信息的完整性。

现场投递时，还应注意不要盲目海投。正确的做法是，投递之后争取与现场招聘人员进行简单交流，给其留下一个良好、深刻的印象，这样才可能争取到面试的机会。

（二）网络投递

网络投递也是目前最常见的简历投递方式之一。求职者可以从知名的大型招聘网站上投递简历，也可以通过专场网络招聘会或直接向用人单位的邮箱投递简历。网络投递简历时要注意以下几点。

1. 电子邮箱选择　求职者应使用稳定性强、可靠性高的电子邮箱，以避免文件受损。

2. 标题设置　邮件标题应把招聘的主要信息简要地表述出来，以突出重点、方便招聘人员寻找。标题若按"应聘的岗位＋姓名＋毕业学校及专业"的格式书写，则招聘人员打开邮件的概率将大大增加；若标题只写"简历""求职""应聘"等字样，则邮件被忽略的可能性将会显著提高。

3. 邮件正文部分　很多求职者会选择直接将求职材料作为附件添加在邮件中发送，而在正文部分写上一句"烦请查阅附件"或者完全留白，这种做法容易给人留下缺乏诚意的印象。有时招聘人员无法直接打开附件查看或者不便下载，邮件会被暂时搁置，那么求职者可能会错失求职机会。在不确定招聘人员查收邮件习惯或招聘文件中未明确说明的情况下，为保险起见，可将简历同时作为正文和附件发送。

4. 附件名称　附件名称可以与标题名称保持一致，清晰规范，以方便招聘人员后期整理。不要出现"新建文件夹""我的求职材料"等诸如此类的附件名称。

5. 发送时间　在发送求职邮件时，选择合适的时间段对于提高邮件的阅读率和回复率具有一定影响。根据研究和实践经验，招聘人员在特定时间段内浏览并处理邮件的可能性较高。因此，合理安排邮件发送时间能够显著提升邮件被阅读的概率。

通常情况下，招聘人员会在上班伊始优先查看并处理邮箱中的邮件。这一时段是邮件处理的高峰期，邮件被阅读的概率较高。将邮件发送时间安排在上午 8：00 至 9：30 之间，能够确保邮件在招聘人员开始工作时即进入其视野，从而提高邮件的阅读率。下午时段，尤其是 14：00 至 15：30，是招聘人员处理日常事务的相对空闲时间。在此期间，招聘人员更有可能查看并回复邮件。若上午时段无法发送邮件，可选择在下午 14：00 至 15：30 之间发送，以确保邮件在招聘人员较为轻松的时间段内被阅读。

（三）登门投递

登门投递简历是指求职者亲自前往用人单位的办公地点，将自己的简历直接提交给招聘人员或相关部门。与其他投递方式相比，登门投递可以展示求职者的积极主动和诚意，并有机会与招聘人员进行简短沟通，给用人单位留下良好的第一印象，提高求职者获得面试机会的概率。登门投递简历时要注意以下几点。

1. 提前了解用人单位信息　在决定登门投递简历前，应先期了解用人单位的基本信息，包括公司名称、具体地址、联系人等。可以通过招聘网站、企业官方网站或电话咨询等方式获取相关信息。

2. 穿着得体　穿着整洁、得体是登门投递简历的基本要求。选择适宜的服装，注重形象和仪态，可以展现求职者专业和自信的形象。

3. 递交简历　到达用人单位后，向前台或接待人员说明来意，并告知要投递简历。如果知晓招聘人员的姓名，可以直接询问是否可以与其见面。若得到肯定答复，可以将准备好的个人简历和其他附件亲自递交给招聘人员或相关部门。

4. 礼貌道别　顺利投递简历后，要向招聘人员表示感谢，并留下自己的联系方式、礼貌地告知离开的意图，以展示敬业和礼貌的态度。

第二节　掌握笔试技巧

一、笔试的类型

在求职过程中，笔试是评估求职者专业能力和综合素质的重要环节。笔试的类型形式多样，用人单位根据选拔标准设置不同类型、不同风格的笔试题目，以达到甄选人才的目的。根据试题内容，常见的笔试类型可以分为专业考试、智商测试、心理测试和综合能力测试等，详情见表 7-1。

表 7-1　笔试类型

类型	考察目的和形式	常用单位
专业考试	检验应聘者的专业知识水平和相关的实际能力。这类笔试主要针对研发型和技术类职位，笔试题目主要涉及与工作内容相关的技术性问题，专业性较强	外资企业、外贸企业、科研机构、国家机关
智商测试	考察应聘者的智力水平，判断其是否具备岗位所需的问题解决、逻辑思维等能力，以实现人职匹配，选拔出适合岗位需求的人才。题目形式有图形识别、算术题等	跨国公司
心理测试	根据完成的数量和质量来判定其心理水平或个性差异的方法。有效的测试可以用来判定应聘者的个性、态度、兴趣、动机、意志等心理素质。通过心理测试，用人单位可以大致了解应聘者的基本心理素质和心理倾向，继而确定应聘者是否符合岗位要求	跨国公司、外资企业、内资或民营企业
综合能力测试	此类考试一般是各种能力的综合考察，主要有以下几个方面的内容： ①简单的数理分析能力 ②对于知识域的考察，主要包括一些常识性的问题和时事方面的内容 ③语言理解和表达能力	外资企业、科研机构、国家机关、跨国公司

二、笔试的准备

欲在笔试中取得优异成绩，关键在于日常的勤奋学习与持续练习。然而，招聘单位的笔试往往具有独特性，与学校的专业考试存在一定差异，因此备考策略也应相应调整，以适应不同单位的笔试要求。

（一）夯实基础

笔试主要考查常用的基础知识，应将复习重点放在掌握基础知识上，而非深挖难点或钻研偏题怪题。

（二）注重应用

笔试侧重于知识的实际应用能力，需在日常学习中加强知识运用的训练。

（三）拓宽知识面

招聘单位的需求多样，除了专业知识与技术外，还可能涉及能力测试、智商测试、情商测试等内容。在准备专业知识的同时，应适当拓展知识面，全面备考。

（四）提升个人修养

情商测试主要考查个人的综合素质与人际交往能力，而非单纯的情商知识。平时应注重提高自身修养，积极参与团体活动，培养良好的人际沟通与合作能力。

（五）实践与总结并重

能力测试关注实际工作能力和知识运用能力，仅靠大量做题是不够的。应多参与社会实践，积累经验，并及时总结反思，提升自身能力。

（六）考前复习

复习已学知识是笔试准备的重要环节。通常笔试有大致范围，可围绕此范围查阅相关图书资料，尤其是那些因时间久远而遗忘的内容，通过复习有助于恢复记忆。

（七）保持良好身心状态

临考前，要适当减轻心理压力，保证充足的睡眠，并适度参与文体活动，使大脑得到充分放松休息，以饱满的精力和良好的状态参加考试。

三、笔试的应答技巧

在参加笔试时，应注意以下几点。

（一）科学答题

在拿到试卷后，应先全面浏览试卷，了解题目的数量及难易程度，合理安排答题策略。建议先从相对简单的题目入手，再逐步攻克难度较大的题目，以避免因在难题上耗费过多时间而影响对其他题目的作答。对于综合性或论述性题目，应先列出提纲，再按条理逐一展开。在完成所有题目后，要留出足够的时间对易错之处进行仔细复查，确保不出现漏题、跑题的情况，同时避免错别字、语法错误或表述不清等问题。

（二）卷面整洁

在书写过程中，应保持字迹清晰、工整，避免因书写过于潦草导致字迹难以辨认。在求职笔试中，招聘单位往往更加注重考生的认真态度和细致作风，而非仅仅关注分数的微小差异。整洁的卷面能够给阅卷人员留下良好的第一印象，从而在一定程度上提高被录用的可能性。

（三）合理分配时间

在答题过程中，要避免在某几道题目上花费过多时间。当笔试题量较大时，其目的不仅在于考查考生对知识的掌握程度，还在于评估考生的应试能力。对于包含多个模块的测试，要注意合理分配时间，确保每个模块都有足够的时间作答。招聘笔试通常不是按总分计算成绩，而是对各个模块分别打分并进行综合评价，因此合理的时间分配对于取得良好成绩至关重要。

第三节　掌握面试技巧

一、面试概述

（一）面试考察的内容

面试是招聘过程中关键的一环，旨在全面评估求职者的综合素质与岗位适配性。面试官通过多种方式对求职者进行考察，以判断其是否具备胜任岗位所需的能力与素质。因此，求职者需深入了解面试官在面试中所关注的考核要素，并有针对性地进行准备。以下是面试中常见的考核要素。

1. 具备的基本素质

（1）仪容举止　自我管理能力是面试官较为看重的一种能力。良好的仪容仪表通常表明求职者有良好的自我管理能力。另外，合适的着装和整洁的仪容可以传达出求职者对这份工作的重视和对用人单位的尊重，同时也显示了求职者的专业度。对于大学生求职者来说，着装上没有严格的要求，但要保持干净整洁的仪容和得体的举止。

（2）道德品行　良好的道德品行是所有职位所要求的基本素质，尤其在涉及敏感信息处理、决策制定或代表公司形象的岗位上，这一素质的重要性更为凸显。具备良好道德品行的员工能够赢得同事和客户的信任，从而更有效地开展工作。此外，道德品行也是评估求职者是否符合企业价值观的重要标准。

在面试过程中，面试官会通过多种方式考察求职者的道德品行，以确保其符合企业的道德标准和价值观。面试官可能会提出一些特定的问题，以了解求职者在以往实习或工作中遇到的伦理问题及其处理方式。还会密切观察求职者在面试过程中的行为表现，包括回答问题的诚实性、对待面试官的态度以及是否遵守面试规则等。对于有工作经验的求职者，面试官可能会通过背景调查（背调）来进一步了解其职业道德记录。背景调查通常包括与前雇主的沟通，了解求职者在以往工作中的表现和职业道德情况。

（3）工作态度　工作态度是衡量求职者是否适合岗位的关键因素之一。积极的工作态度不仅能够促进工作效率、增强团队凝聚力，还能显著提升客户满意度。在面试过程中，面试官会通过多种方式全面评估求职者的工作态度，以预测其未来在岗位上的表现。

面试官会询问求职者在以往的学习和工作中的表现，包括对待任务的认真程度、面对困难的态度、是否主动承担责任等。这些历史表现被视为预测未来工作态度的重要依据。面试官还会评估求职者对应聘职位的热情和积极性，包括对岗位的理解以及对企业的认同感。求职者对应聘职位的态度直接影响其未来的工作投入度和稳定性。

2. 具备的相关能力

（1）口头表达能力　口头表达能力是面试中重要的考察内容之一。面试官通过观察求职者在面试过程中的口头表达，评估其是否能够清晰、准确地传达信息，以及是否具备良好的沟通技巧和人际交往能力。良好的口头表达能力不仅能够帮助求职者更好地展示自己的优势和能力，还能增强面试官对其综合素质的认可。

（2）综合分析能力　综合分析能力涉及对信息的收集、评估、整合和解释，能够帮助个体理解问题的本质，提出有效的解决方案。在多变的工作环境中，具备这种能力的求职者能够更快地适应新情况，进行战略性思考，并对业务决策作出贡献。无论是技术岗位还是管理岗位，综合分析能力都是评估求职者是否能够胜任工作的重要标准之一。

（3）思考判断能力　思考判断能力对于需要独立工作、解决复杂问题或在压力下做出快速反应的职位尤其重要。面试官一般会观察求职者能否准确、迅速地判断面临的状况，能否恰当地处理突发事件，以及能否迅速地回答问题且答案简练、贴切。

（4）情绪控制能力　情绪控制能力是职场中极为重要的素质之一，尤其在面对工作压力、批评或个人利益冲击时，良好的情绪控制能力能够确保员工保持冷静、理智，从而有效应对各种挑战。具备良好情绪控制能力的员工不仅能够在压力下保持高效的工作表现，还能在遇到难题时展现出耐心和韧性，这对于个人的职业发展和团队的稳定都具有重要意义。

在面试过程中，面试官可能会通过提出一些难以回答的问题，或者在求职者回答问题时故意打断、质疑其观点，以此施加压力，观察求职者的情绪反应和应对能力；还可能会要求求职者即兴回答一些突发问题或提出解决方案，以评估其在高压下的应变能力和情绪稳定性。

（5）学习能力　学习能力是指个体理解并接受新事物、新观念的能力。在当今快速变化的时代，新事物和新观念不断涌现，任何职位都要求员工具备良好的学习能力，以跟上时代发展的步伐。学习能力不仅有助于个人及时掌握与职位相关的新知识和新技能，还能提高工作水平，创造性地完成工作任务。因此，用人单位在招聘过程中，会特别关注求职者的学习能力。

面试官首先会考察求职者是否具有掌握和学习新知识、新技能的强烈愿望和兴趣。学习意愿和兴趣是学习能力的重要基础，只有具备强烈的学习意愿，个人才能在面对新知识和新技能时保持积极主动的态度。面试官还会考察求职者是否掌握了一些基本的学习技能、技巧和方法。良好的学习方法能够帮助个人在较短时间内掌握尽可能多的新知识和新技能，提高学习效率。

（6）人际沟通能力　人际沟通能力在职场中的重要性不言而喻。良好的人际沟通能力不仅有助于建立和维护良好的工作关系，还能提高团队协作效率，促进项目的顺利推进。对于毕业生而言，面试官通常会通过询问其在社团活动中的参与情况、与不同类型人的交往经历以及在社交场合中的角色扮演，来全面了解其人际交往倾向和与人相处的能力。

（7）实践操作能力　在招聘技术型和技能型人才时，面试官会重点考察求职者是否具备特定岗位所需的专业技能和实践操作能力。这些能力不仅直接影响求职者在岗位上的表现，也是评估其是否能够快速适应工作环境、高效完成工作任务的重要标准。因此，对于大学生而言，除了重视专业实习外，还应充分利用课余时间，通过兼职、假期实习等方式培养实践操作能力，以丰富社会阅历并积累相关工作经历，从而提升面试成功率。

3. 与应聘职位的匹配度

（1）专业知识　面试官会深入了解求职者掌握的相关专业知识的深度和广度，以及其专业知识更新是否符合所要录用职位的要求。面试对专业知识的考查不仅是对笔试的补充，更具有灵活性和深度，所提问题也更接近招聘岗位对专业知识的实际需求。

（2）求职动机　求职动机是求职者选择某一职位或用人单位的内在驱动力，能够反映出其对工作的热情以及长期发展的意愿。面试官通过了解求职动机，可以评估求职者是否与岗位和企业价值观高度契合，从而判断其是否具有长期稳定发展的潜力。面试官会直接询问求职者选择该职位的原因、对公司感兴趣的因素以及职业规划等，以了解其求职动机。

（二）面试的类型

在校园招聘中，用人单位采用的面试形式越来越丰富，面试流程也愈加复杂，其目的是提高面试筛选的准确度和效率、降低招聘成本等。对于毕业生来说，有必要了解企业招聘的面试形式和面试流程，并结合自身的实际情况作好面试准备，以便在面试中灵活应对，展现出良好的状态，博得面试人员的青睐。

按照面试的开展形式及手段、面试的内容、面试考核的重点等，用人单位在校园招聘中常采用的面试类型及其主要特征如表7-2所示。

表 7-2　面试类型及其主要特征

面试类型	主要特征
电话面试	面试官通过电话对求职者进行提问。电话面试一般在笔试之后，是在面对面的面试之前经常采用的面试手段，通常是针对某些特定问题作进一步了解
视频面试	面试官与求职者利用计算机，通过视频、摄像头和耳麦，运用语音、视频、文字进行即时沟通交流
结构化面试	面试官通过设计面试所涉及的内容、试题、评分标准、评分方法、分数等对求职者进行系统的面试，主要目的是评估求职者工作能力的高低及是否能胜任该岗位
无领导小组面试	采用情景模拟的方式对求职者进行集体面试。该面试会向求职者提出一个与工作相关的问题，让求职者进行一定时间的讨论。在这个过程中，多个求职者需要合作完成某个项目，可能是实际商业环境下的、有见地的案例讨论，也可能是集体游戏

1. 电话面试　多数招聘人员在从简历中筛选出合适的求职者之后，在正式面对面的面试之前，通常会采用打电话的方式进行首轮面试，从而提前了解求职者的实际情况。电话面试的时间一般控制在10 分钟左右，其主要目的是核实求职者的相关背景、初步考察其语言表达能力。招聘人员一般会通过常规问题的询问，或者让求职者自我介绍，并根据简历对求职者的教育及工作经历进行核实，来判断求职者是否拥有招聘职位所要求的素质和能力，从而判断是否给予其进一步面试的机会。电话面试时，求职者应注意以下事项。

（1）保持冷静，化解紧张　在接到面试电话时，求职者可能正处于各种不同的环境中，如上课、乘坐地铁等。在这种毫无准备的情况下，求职者首先应保持冷静，避免慌张。随后，应以积极友好的态度与招聘人员沟通。例如，"××先生/女士，非常感谢您打电话过来。如果您不介意，能否 5 分钟之后再打给我？我这里手机信号不太好，需要换一个安静的地方。或者我能否 5 分钟之内给您回拨过去？"一般情况下，招聘人员会同意在几分钟后再次拨打电话，以便求职者有时间进行准备。如果求职者请求稍后回拨，务必确保在约定时间内回拨给招聘人员。在电话面试过程中，感到紧张是很自然的，但求职者应努力控制自己的情绪，保持镇定。

（2）注意语速，适时沟通　在电话面试中，声音是求职者与招聘人员沟通的主要媒介，因此语音表达的质量至关重要。求职者应确保语音表达清晰、自然，避免过于平淡或机械地背诵内容，同时注意语速和音量的控制，以确保沟通的有效性。

如果没有听清楚问题或没有理解问题，应有礼貌地请招聘人员复述问题，避免不懂装懂，以免答非所问。

（3）记录重要信息　求职者应在电话面试前准备好笔和纸，确保在面试过程中能够随时记录重要信息。包括公司名称、招聘人员的姓名、面试问题的要点及进一步面试安排等。

（4）遵守电话礼节　良好的电话礼节能够给招聘人员留下积极的印象，展现求职者的专业性和职业修养。求职者应始终保持对招聘人员的尊重，使用礼貌的称呼和语气。在结束电话面试前，求职者也应明确表达对招聘人员的感谢，感谢其抽出时间进行面试。

2. 视频面试　视频面试是指用人单位与求职者利用连接了互联网的计算机或其他设备，通过视频摄像头和耳麦，以语音和视频的方式进行即时沟通和交流的招聘和面试方式。视频面试作为一种现代化的面试方式，具有以下显著特点。

（1）便利性　视频面试能够在不同地点进行，无需双方进行面对面的实际接触。求职者仅需一部智能手机或一台计算机，即可参与一对一或一对多的面试。这种方式能够有效节省求职者和招聘人员的时间与交通费用，尤其对于异地求职者而言，其便利性尤为突出。

（2）可以记录与复盘　视频面试可以通过录屏或其他设备进行录制。面试结束后，求职者可以观看录像，反思并总结面试中的表现，识别自身的优势与不足，从而为后续的面试或职业发展提供参考。

（3）硬件与网络要求　视频面试对求职者的设备和网络条件有一定要求。求职者需提前准备运行良好的设备，如智能手机、摄像头、麦克风和计算机等，并确保网络连接稳定。技术问题，如网络卡顿或设备故障，可能会对面试效果产生负面影响，甚至导致面试失败。

（4）缺乏面试氛围　视频面试无法提供面对面交流的真实感和氛围，求职者也无法亲身感受和观察潜在的工作环境。部分用人单位为提高面试效率，可能要求求职者提前录制视频，这可能导致求职者在面对镜头时感到不自然，进而影响面试表现。

与其他类型的面试相比，视频面试具有独特的优点和挑战。为了确保视频面试的顺利进行并展现最佳形象，求职者需注意以下关键问题。

1）设备准备　求职者应提前安装并检查摄像头、耳麦、计算机、网络连接等设备，确保其运行正常，以保障视频面试的顺利进行。若使用音箱，应避免麦克风正对音箱，以防产生回音。二者应保持适当距离。避免强光直接照射摄像头镜头，应选择柔和且明亮的灯光，以确保画面清晰且不刺眼。

2）服饰准备　由于视频面试中招聘人员无法看到求职者的全身姿态和动作，因此求职者的发型、服饰等细节将给招聘人员留下更深刻的印象。求职者的穿着应干净整洁、朴素大方、和谐得体，以体现专业形象。另外，调整摄像头角度，确保展示出最具风采的一面。需要注意的是，尽管视频面试中通常只能看到上半身，但求职者仍需保持整体着装得体。在面试过程中，可能会出现需要起身拿资料或调整设备等不可预见的情况，若下半身着装不得体，可能会造成尴尬。

3）谈吐要礼貌　视频面试主要通过对话来展示个人能力，因此语言表达尤为重要。求职者要确保口齿清晰、表达有条理，避免语速过快或语无伦次。若出现未听清问题或视频断开等突发情况，应礼貌地解释并请求对方重复或重新连接，保持冷静和礼貌。招聘人员可能会根据求职者的反应来判断其应变能力和职业素养。

4）注意细节　在视频面试过程中，求职者的一举一动都可能成为招聘人员判断的依据。因此，求职者应减少不必要的小动作，如频繁眨眼、抖腿等，始终保持眼神交流，直视摄像头或招聘人员的图像。选择安静、整洁、光线充足的背景环境，避免杂乱无章的背景影响面试效果。

3. 结构化面试　结构化面试，亦称标准化面试，是一种经过精心设计的面试方式。在此过程中，招聘人员依据既定的面试内容、试题、评分标准、评分方法及分数等要素，对求职者进行系统化的评估。结构化面试的核心目标在于全面、客观地评估求职者的工作能力，以及其是否具备胜任目标岗位的资质。

招聘人员将依据岗位的具体特点与要求，明确面试的具体内容模块、测评流程、安排及要求。这包括但不限于面试所要达成的目的、职位的具体要求等。通过这种方式，结构化面试能够确保面试过程的标准化与一致性，从而为招聘决策提供可靠依据。

结构化面试具有以下特点。

（1）题库的标准化　结构化面试题库的构建是基于对招聘职位的深入分析，通过对职业所需核心技能的精准提炼，将这些关键要素系统地融入题库编制中。题库的设计旨在全面覆盖职业所需的知识、能力、品质、动机、气质等要素，确保在结构化面试过程中，能够全面、准确地评估求职者是否具备胜任岗位的能力，从而有效提高筛选的成功率。

（2）流程的标准化　结构化面试的流程设计遵循严格的标准化原则，确保每位求职者在相同的条件下接受评估。具体而言，面试的开场语、面试时间、面试问题、面试实施条件等关键要素均保持一致。这种标准化流程不仅保障了面试结果的公平性和公正性，还为求职者提供了一个统一的评估环境，使面试官能够依据求职者的不同表现进行客观评价，从而实现择优录取。

（3）评价的标准化　从行为学角度出发，结构化面试通过设计一套系统化的具体标尺，为每个问题设定明确的评分标准，并针对每个问题的评分标准建立系统化的评分程序。这一机制旨在确保评分的一致性，提升结构的有效性。对于每个测评要素，结构化面试均制定了规范且可操作的评价标准，从而为每位面试官提供统一的评价尺度。求职者的面试成绩最终通过科学的统计方法得出，即对每个要素的评分去掉最高分和最低分后，计算算术平均分，并依据权重合成总分。

与传统面试方式不同，结构化面试更加注重基于工作分析得出的与工作相关的特征。面试官明确知晓应提出哪些问题以及提出这些问题的原因，从而避免主观归因错误。每位求职者都能获得更客观的评价，显著降低了偏见和不公平现象的发生概率，使用人单位能够在最短时间内可靠、有效地选拔出真正符合工作要求的求职者。

（4）面试官的标准化 在结构化面试中，面试官的人数不得少于两人。面试官队伍的构成需遵循严格的标准，依据性别、专业背景、专长领域等因素进行科学合理的配置，以确保面试过程的全面性和客观性。其中，一名面试官担任主考官，通常由其负责向求职者提问并主导整个面试流程。

从实践应用来看，结构化面试在测量效度和信度方面表现出色，具有较高的科学性和可靠性。其标准化的流程和系统化的评分机制，使其特别适用于规模较大、组织规范性较强的录用面试场景。因此，结构化面试已成为当前面试实践中的一种基本且重要的方法。

4. 无领导小组面试 无领导小组面试，又称无领导小组讨论，是一种集体面试的测评方法。该方法通过向一组求职者提供一个与工作相关的问题，要求其在一定时间内进行讨论，从而评估求职者的组织协调能力、口头表达能力、辩论能力、说服能力、情绪稳定性、处理人际关系的技巧等是否达到拟任岗位的要求。此外，该方法还用于检测求职者的自信程度、进取心、情绪稳定性、反应灵活性等个性特点是否符合拟任岗位的要求。

无领导小组面试需严格遵循以下步骤：①面试官首先介绍无领导小组讨论的具体要求，并宣读讨论题目；②求职者在规定时间内构思自己的发言提纲；③求职者依次阐述自己的观点；④求职者进行集体讨论，通过交流、辩论和协商，形成小组的最终意见；⑤小组形成决议后，由一名代表向面试官汇报讨论结果。

无领导小组讨论的题目通常为智能性题目，要求面试小组讨论出最佳答案或给出最优解决方案。这些题目一般没有唯一的答案，旨在通过讨论过程评估求职者的能力和素质。

在无领导小组面试过程中，小组中的求职者通常会表现出以下几种角色。

（1）领导者 领导者又称掌控者，是主导整个讨论进程的关键人物。是否担任领导者应综合自身情况及面试岗位要求进行决策。从性格角度而言，性格外向、善于表达者未必适合担任领导者；相反，性格沉稳、善于倾听、具备总结能力者往往更受青睐。在小组讨论过程中，应根据情境变化进行综合判断，如面试题目与专业的匹配程度、个人的知识储备、求职者之间的协作情况等，从而确定自身在团队中最为适合的角色。

（2）协调者 协调者在无领导小组面试中扮演着"润滑剂"的角色，主要起到辅助领导者的作用。当小组成员出现激烈冲突或讨论陷入僵局时，协调者需适时介入，进行有效的协调，以确保讨论能够顺利进行。协调者通常应具备敏锐的观察能力、较强的人际沟通协调能力、冷静的思考能力和优秀的语言表达能力。面试官对协调者的考察重点在于其是否能够在关键时刻纠正偏差，并适时提出具有建设性的建议。

（3）计时者 计时者在团队中的角色并非固定，也非独立存在。若仅单纯负责计时，其存在意义有限，且求职者难以借此在竞争中脱颖而出。该职责有时可由领导者或协调者兼任。其主要职责在于详细规划整个讨论的流程与时间分配，合理控制各环节的时间，并适时提醒，确保讨论有序进行。

（4）总结者 总结者在整个无领导小组面试中扮演着仅次于领导者的重要角色。其职责是对讨论中每个人的观点进行记录、分类整理与提炼，并充分吸收团队的最终观点，确保无偏差。总结者还需用流利的语言和清晰的思路向招聘人员准确表达团队的结论。该角色的胜任需要充分的准备和把握，不应仅因追求表现而轻易担任，否则可能暴露自身弱点，成为面试中的最大败笔。

（5）观点者　观点者存在的目的是推动整个讨论的有序进行。对于那些不擅长总结和协调的求职者而言，观点者可能是较为合适的选择。观点者无需全程滔滔不绝，而应在关键时刻提出具有建设性的观点，并在讨论过程中倾听他人的发言，找出讨论的症结所在，提出自己的见解，争取在短时间内获得大多数人的认同，成为扭转局面的关键人物。

（6）旁观者　在每场无领导小组讨论中，旁观者的身影屡见不鲜，其表现形式也多种多样，主要包括以下几种类型。①高谈阔论型：此类求职者全程高谈阔论，但言之无物，偏离讨论核心，甚至将讨论引向错误方向。②沉默寡言型：此类求职者全程寡言少语，不分享任何观点，对讨论的进展毫无贡献。③附和型：此类求职者全程附和他人观点，如"我同意这个观点""他的意见也没问题"，对讨论的实质进展无任何贡献，是一个可有可无的角色。④对抗型：此类求职者全程与他人针锋相对，不同意任何人的观点，且频繁抢话，但缺乏完整的观点和想法，对整个小组具有较大的破坏作用。⑤昙花一现型：此类求职者在讨论开始时急于分工或表达观点，但一旦未能争取到领导者角色，便不再积极参与讨论，最终被团队抛弃。

旁观者通常被视为无领导小组讨论中的失败者。在激烈的竞争中，那些迅速暴露自身性格、知识、技能等方面弱点的求职者，往往会在无领导小组讨论中被淘汰。

二、面试礼仪

（一）面试中的礼仪

在求职面试中，求职者对礼仪细节处理得当，可以在面试中展现出专业、自信和尊重的形象，从而提升面试的成功率。以下是面试中处理礼仪细节的要点和方法。

1. 敲门　在进入面试房间之前，无论门是关闭还是开启，求职者均应轻轻敲门，待得到许可后方可进入。进入房间后，应轻轻将门关闭，整个过程需保持微笑。

2. 握手　握手是面试中的重要礼仪，具体规则如下：若求职者为女性，而面试官为男性，求职者应主动伸出手。若面试官为女性，则应等待面试官主动伸手。若求职者为男性，而面试官亦为男性，双方均可主动伸手。握手应坚定有力，但避免因紧张而过度用力。成功的握手能够传递出自信与尊重的信息。握手后，面试官通常会邀请求职者就座。此时，若求职者携带了更新的简历，可借此机会递上最新版本。

3. 入座　握手后，求职者应等待面试官的邀请再行就座。入座时，应自然地将椅子拉出，坐下后再将椅子轻轻推回，尽量避免发出刺耳的声响。坐下后，应将包放置于旁边的椅子上或地上，避免抱在怀中。

4. 坐姿　坐下后，身体应略向前倾，避免紧靠椅背，且不宜坐满整个椅子，一般以坐满椅子的三分之二为宜。无论是穿裙装还是裤装，均应保持双腿并拢，以示优雅。

5. 表情　就座后，面试正式开始。此时，求职者可能会因紧张而出现不自觉的面部表情，如目光游离、眉头紧蹙或漫不经心等，这些表情均会给面试官留下不良印象。求职者应保持面部表情自然，自信且面带微笑，同时保持稳定的眼神交流。

6. 语气、语速、音量与措辞　面试过程中，求职者需注意语气、语速、音量和措辞的恰当性。若面试官以友好、振奋的语气交谈，求职者应相应地表现出愉悦、热情的状态，避免语气平淡；若面试官语气严肃，求职者则应表现得更为稳重；若面试官语调平稳、缓慢、柔和，求职者应避免声音过大或语速过快。

7. 眼神交流　眼神交流是表达尊重和兴趣的重要方式。面试中，求职者应有四分之三的时间以平稳自然的目光注视面试官的面部，尤其是眼神，但避免紧盯着对方。其余时间，可适当将目光转移到对方的手或自己的笔记上，以示专注。良好的眼神交流能够给面试官留下自信、专注和诚恳的印象。

8. 手势　在交谈中，求职者可适当使用手势辅助表达，但应避免手势过多，以免分散他人注意力。同时，注意手部细节，避免摆弄物品，如玩纸、玩笔、挠头等行为。

（二）面试后的礼仪

在求职过程中，许多求职者往往只注重面试中的礼仪，而忽视了面试结束后的跟进工作。然而，这些跟进工作同样能够加深面试官对求职者的印象，甚至在竞争激烈的招聘环境中起到关键作用。以下是求职者在面试后需要注意的礼仪。

1. 感谢用人单位　面试结束时，无论面试结果如何，求职者均应轻声起身，向面试官表达感谢，并将自己所坐的椅子扶正，摆放在进门时的位置。在离开时，应再次向面试官表示感谢，随后轻推门离开。

2. 跟进询问面试进展　面试结束后，求职者不应贸然打电话询问相关情况。建议通过发送电子感谢信的方式再次加深用人单位对求职者的印象。感谢信应简洁明了，表达对面试机会的感谢以及对职位的兴趣和热情。

如果在面试后的两周内，或面试官承诺的答复时间已到，仍未收到用人单位的答复，求职者应通过电子邮件或电话联系用人单位，询问面试结果。在询问过程中，应礼貌地表达自己对工作的兴趣和热情，并注意从用人单位的回应中判断自己是否被录用的可能性。

三、面试技巧

面试技巧是指在面试过程中所运用的一系列策略与方法，旨在提升求职者在面试中的表现，增强其获得职位的机会。面试技巧的内容涵盖面试前的准备工作、面试中的语言表达技巧以及面试后的注意事项。

（一）面试前的准备工作

面试可类比为一场精心筹备的舞台表演，正所谓"台上三分钟，台下十年功"，求职者需以最佳状态、最佳形式，将自身优势充分展现给面试官。面试前的准备工作主要涵盖信息准备、物品准备、形象准备以及问题答案准备四个方面。所有准备工作均旨在达成同一目标，以最佳表现留下深刻印象，从而赢得工作机会。

1. 信息准备　面试前，求职者应全面调查用人单位的信息，以便在面试中能够自信地陈述用人单位的情况，充分展现对该单位的重视和热情。求职者可通过公司网站、行业网站、招聘宣讲会、经验交流会、实地参观等途径，尽可能多地搜集用人单位的信息，包括单位名称、性质、业务、规模、主导产品和服务、地位和经营状况、理念和文化风格、目标和发展方向、竞争对手和竞争优势、面临的主要挑战和问题等。如果用人单位有面向大众开放的商店、办事处、展厅、营业点等，求职者应至少选择其中一个地点进行实地考察，与工作人员进行交流，产生实际的交互行为，以获取更直观的体验和信息。

其次，求职者应仔细研读招聘广告，逐词逐句进行分析，确保对职位要求有清晰的理解。此外，求职者还可以搜集其他公司类似职位的广告进行对比分析，以更全面地了解应聘职位的市场情况。关于应聘职位的信息，包括职位名称、备选职位、职位任务、工作强度、工作方式、职位要求的知识、经验、素质、职位的薪资待遇水平及其他广告用词的含义等。

2. 物品准备　求职者应仔细准备随身携带的物品，以确保面试过程的顺利进行。部分面试通知会明确列出面试时需携带的物品，如简历、身份证、推荐表、各类证书、成绩单、作品等。求职者应提前准备这些材料，并确保其完整性和准确性。除上述材料外，求职者还应准备签字笔和空白纸，以便在面试过程中做记录或参加笔试。对于某些无法携带的材料，例如应届毕业生在毕业前可能尚未获得毕业证书，求职者应提前与用人单位沟通，确认是否有其他证明材料可以替代。若面试通知中未明确列出需携带的材料，求职者可主动向招聘人员咨询，以确保准备充分。

3. 形象准备 面试属于正式场合，面试官期望在面试过程中看到求职者展现出最佳的精神面貌，并希望招聘到充满活力且精力充沛的员工。不同行业和企业对于求职者的形象要求存在差异。多数企业倾向于求职者呈现西装革履的职业化形象；而部分行业及单位，可能更偏好展现活力与时尚感的形象。因此，求职者在面试前应提前了解用人单位所倾向的形象标准，以便有充足的时间进行相应的准备。

然而，无论用人单位倾向于何种形象，以下几点要求是普遍适用的：①着装应符合主流审美标准，而非单纯追求潮流，避免穿着过于奇特或不适宜的服装，保持干净、整齐，且得体大方；②若求职者不确定用人单位的企业文化倾向，男性求职者可选择穿着深色西装，女性求职者则可选择正式套装。衣饰应避免过于严肃、艳丽或奢华，总体目标是给人以亲近和喜爱的感觉；③打扮应体现出干练、稳重、活跃的精神状态。在举止姿态方面，应展现出健康、沉稳、自信、从容和礼貌的特质。

4. 问题答案准备 面试过程中所涉及的大部分问题，求职者均可通过充分准备予以应对，展现出专业素养和对职位的热情，从而提升获得工作机会的概率。为确保面试表现从容不迫，求职者应深入思考并准备以下问题的答案。

（1）对应聘单位的了解 求职者需明确自身对用人单位的了解程度，包括单位的业务范围、企业文化、市场地位、竞争优势等关键信息，并评估这些了解是否充分、准确。举例说明单位哪些方面吸引了求职者，以及求职者认为单位是否与自身职业规划相契合。

（2）对职位的了解 求职者应详细阐述对所应聘职位的理解，包括职位的主要职责、工作内容、所需技能和经验等，并分析该职位是否与自身能力和职业目标相符。明确该职位的核心要求，并结合自身情况，说明是否能够胜任该职位。

（3）竞争优势与劣势 求职者需清晰地认识到自身在竞争该职位时的优势与劣势。优势方面，应突出个人的专业技能、工作经验、综合素质等；劣势方面，应思考如何有效回避或弥补。举例说明哪些证书、资质或过往经历能够证明求职者满足该职位的要求。

（4）职业发展规划 求职者应制订在该单位1年、2年、5年的发展规划，明确短期、中期和长期的职业目标，并说明如何通过在该单位的工作实现这些目标。

（二）面试中的语言表达技巧

面试时的语言表达能力能够体现求职者的成熟度和综合素质。对于求职者而言，掌握语言表达的技巧是至关重要的。

1. 等待面试，保持平静 在等待面试期间，求职者应保持平静，不要来回走动，以免显得焦躁不安。同时，建议求职者避免与其他求职者进行过多交谈。与其他求职者的交流可能会分散注意力，过多的交谈可能会导致信息泄露或不必要的竞争压力，不利于保持良好的心态。

2. 自我介绍，思路清晰 自我介绍时，应突出个人优势与特长，并确保内容具有可信度。自我介绍的时间应控制在2至3分钟，思路清晰，内容与层次合理有序。避免重复简历中的内容，着重阐述自身能力与应聘岗位的相关性。坚持用事实说话，减少使用虚词和感叹词。

3. 认真聆听，流利回答 面试官介绍情况时，求职者应认真倾听，并逐一回答其提出的问题。回答时应确保口齿清晰、发音准确、语言得体。交谈过程中，注意控制语速，避免因语速过快而影响语言的流畅性。回答问题时，应简洁明了、完整准确，避免使用方言或口头语，以免影响对方理解。在与招聘人员交流时，可适时点头或提问以示互动。

4. 注意听者的反应，及时调整 面试是一种互动交流，而非单向演讲。求职者应密切关注面试官的反应。例如，若面试官显得心不在焉，可能表示对当前话题缺乏兴趣，求职者应考虑转移话题；若面试官侧耳倾听，可能表明音量过小，需适当提高音量；若面试官皱眉或摇头，可能暗示语言表达存在不当之处。根据这些反应，求职者应及时调整语言、语调、语气、音量及修辞方式，甚至陈述内容。若回答错误，应保持冷静，集中精力回答下一个问题。若确实不懂，应坦诚说明，以确保面试效果。

5. 使用数字和案例说话　在面试中展示专业能力时，回答问题应有理有据。最有力的依据包括数据和经典案例，尽可能使用实际数据支持观点，并结合经典案例的处理过程进行说明。若缺乏数据和案例支持，面试官可能会对求职者所述内容的真实性产生怀疑。

6. 回答问题要注重提炼要点　面试前，求职者应总结自身经验，提炼回答问题的要点，以逻辑清晰的方式进行语言表述，这将显著提升面试官对求职者专业能力的评价。避免在举例时浪费过多时间，而应简洁明了地表达核心观点。这不仅节省面试官的时间，还能留下良好的印象。

（三）面试后的注意事项

1. 总结经验，以利后续求职　求职者应仔细回顾并分析面试过程，以总结经验教训，为后续求职活动做好准备。求职者可以通过以下问题进行反思。

（1）面试中强调的重点内容是否符合面试官的关注点？

（2）是否以最佳方式呈现了自己的能力，并提供了恰当的例证？

（3）是否清晰地阐述了自己的职业目标和愿景？

（4）是否有遗漏展示自己优势的机会，以证明自己能够为公司做出更多贡献？

（5）语言表达是否恰当，既不过多也不过少？

（6）是否因紧张而表现得过于被动或过于主动？

（7）是否通过面试获取了足够的信息，以辅助自己做出决策？

（8）为下一次面试，可以作哪些准备和改进？

（9）简历是否需要进一步修改和完善？

（10）自我介绍是否有效地引导了面试的顺利进行？

面试后的改进策略对于提升求职成功率至关重要，通过建立"面试—总结—改进"的良性循环，求职者能够显著提升面试表现，增加获得录用意向的概率。建议将每次面试视为宝贵的学习机会，持续优化求职策略。

2. 保持联系，建立沟通渠道　面试结束后，求职者可以主动地与招聘单位保持联系，适时寻找机会，通过询问、请教等方式，补充面试中遗漏的信息，建立良好的沟通渠道。即使此次未能被录用，亦可为未来的求职机会奠定基础。

3. 岗位实习，争取试用　求职者也可以积极争取参加用人单位的岗位实习。实习不仅是求职者深入了解用人单位、熟悉工作岗位的重要契机，也是用人单位，尤其是拟聘岗位的业务领导，进一步考察求职者的重要途径。众多毕业生凭借出色的实习表现成功获得了工作机会。

行动体验

参考范例

参加招聘会

活动目标

组织学生参加校园招聘会，旨在使其直观了解企业岗位需求，亲身体验求职面试流程，从而全方位增强对就业形势和政策的认识。

活动说明

1. 搜集校园招聘信息并理解招聘会功能。

学生需提前搜索招聘会的相关信息，包括时间、地点、参会企业名单等。

了解招聘会的功能，如提供招聘信息、直接面试机会以及与雇主面对面交流等。

2. 体验参加招聘会的准备工作和现场注意事项。

准备工作包括简历制作、着装选择、模拟面试练习等。

现场注意事项涵盖礼仪规范（如递送简历的方式）、如何主动接触招聘人员以及保持积极的态度。

3. 收集相关招聘信息，分析市场需求状况及特点。

在招聘会期间，学生应向不同企业的展位咨询职位详情，收集感兴趣的职位描述、所需技能要求等信息。

分析所收集的信息，总结哪些行业或职位目前处于需求旺盛的状态，以及这些职位普遍要求的能力和背景。

4. 了解企业对人才的职位要求。

通过与招聘经理或其他代表交谈，获取第一手资料，了解企业在选拔过程中看重哪些品质和能力。

注意询问是否设计了针对应届毕业生的特殊培训计划或晋升机制。

5. 与招聘经理交流。

鼓励学生勇敢地与招聘经理进行对话，表达自己对应聘职位的兴趣。

利用交流机会，提问有关公司文化、团队合作方式等方面的问题，以便更好地评估是否适合该组织的企业文化。

活动组织

1. 参观活动，由各专业班级统筹组织，确保每位学生都能参与至少一次招聘会。

2. 为学生发放参观任务书，明确此次活动的目的、预期成果及个人需要完成的任务。

3. 组织学生进行座谈或反馈活动，分享参观体验，总结所学知识，提出行动计划。

活动总结

通过本次招聘会体验活动，学生不仅获得了宝贵的实际经验，还加深了对未来职业发展的理解。此次实践活动有助于学生将理论知识与实际操作相结合，提升其就业竞争力和职业素养。

书网融合……

| 微课 | 习题 | 本章小结 |

第八章　就业签约与权益保护

PPT

学习目标

1. 通过本章学习，掌握维权求助途径；熟悉毕业生的就业权利与义务；了解就业协议书，劳动合同书，社会保险与住房公积金，常见的求职陷阱。

2. 具有根据自身的就业去向正确完成就业协议书和劳动合同填写的能力，具有避开求职陷阱的能力，具有维权求助的能力。

3. 树立重视劳动合同、合理合法维权的意识。

第一节　签订就业协议

一、就业协议书

就业协议书是明确毕业生、用人单位和学校三者在毕业生就业工作中权利与义务的书面表现形式，又称三方协议。就业协议书一般由教育部或各省、自治区、直辖市就业管理部门统一编制，由学校发放、毕业生签字、用人单位盖章，毕业生保存一份作为办理报到、接转行政及户口关系的依据。

就业协议书不同于劳动合同，但属于民事协议，具有法律效力。签约双方在规定期限内确立就业关系、明确双方权利和义务，双方经协商达成一致意见并签字盖章后，协议即对双方生效。学校一般不参与协议内容的制定和商议，仅作为见证方在协议书上盖章或进行线上审核，并按照协议书约定的内容为毕业生和用人单位提供相关就业服务。所以，就业协议书是毕业生和用人单位双方所达成的民事协议，不论学校是否加盖见证章，只要双方签字盖章完毕即生效，双方应诚实守信、履行协议。

毕业生或用人单位任何一方不履行约定义务或履行义务不符合约定条件的行为即为违约行为。因就业协议书对毕业生和用人单位双方发生法律效力，不论其中任何一方违约，都应承担违约责任。在就业协议书上，违约责任主要是体现在违约金方面。违约金属于可约定协商项目，双方可以约定违约金，也可以约定不设违约金，但不论约定结果如何，都建议在就业协议书上注明。对于有考公、考研等进一步发展计划的毕业生，在签订就业协议时，应与用人单位进行坦诚沟通。若双方达成共识，可在协议中明确特定情形下免除毕业生违约责任的条款，但需强调，毕业生应秉持诚信原则，谨慎对待签约行为，若无特殊约定且无法按协议履行义务，应依法承担相应违约责任。

二、劳动合同

劳动合同是劳动者与用人单位之间确立劳动关系、明确双方权利和义务的协议。《中华人民共和国劳动合同法》（以下简称《劳动合同法》）规定，建立劳动关系，应当订立书面劳动合同，即应采用书面协议。劳动合同的书面形式从外延上包括主件、附件，主件即劳动合同书，附件一般指劳动合同的补充协议，如岗位协议书、专项劳动协议、用人单位依法制定的内部劳动规则等。

《劳动合同法》中对劳动合同作出如下规定。

（一）劳动合同期限

合同期限分为三种：①固定期限，是指用人单位与劳动者约定合同终止时间，如 1 年期限、5 年期限等；②无固定期限，是指用人单位与劳动者约定无确定的终止时间；③以完成一定的工作为期限，是指用人单位与劳动者约定以某项工作的完成为合同期限。用人单位与劳动者在协商选择合同期限时，应根据双方的实际情况和需要来约定。应届毕业生遇到的劳动合同大多数是有固定期限的，所以毕业生在签订劳动合同时一定要注意合同中对期限的约定，以及关于违约责任的约定。

（二）工作内容

工作内容即用人单位安排劳动者从事什么工作，是劳动合同中确定的有关劳动者应当履行的劳动义务的主要内容，包括劳动者从事劳动的岗位、工作性质、工作范围及劳动生产任务所要达到的效果、质量指标等。

（三）劳动保护和劳动条件

用人单位必须提供劳动者合适的生产、工作条件和劳动安全卫生保护措施，包括劳动场所和设备、劳动安全卫生设施、劳动防护用品等。

（四）劳动报酬

劳动报酬主要表现为用人单位根据劳动者劳动岗位、技能及工作数量、质量，以货币形式支付给劳动者的工资。劳动合同中关于劳动报酬的约定应该包括工资的数额、支付日期、支付地点及其他社会保险（养老、失业、医疗、工伤、生育等）待遇。

（五）劳动纪律

劳动纪律是指劳动者在劳动过程中必须遵守的劳动规则，包括国家法律、行政法规及用人单位内部的厂规、厂纪，以及对劳动者的个人纪律要求等。

（六）劳动合同的终止条件

劳动合同的终止条件是指劳动者和用人单位在国家法律、行政法规规定的劳动合同终止的条件以外，协商确定的劳动合同终止的条件，即劳动合同终止的事实理由。

（七）违反劳动合同的责任

在劳动合同履行的过程中，当事人一方故意或过失违反劳动合同，致使劳动合同不能正常履行、给对方造成经济损失时应承担的法律后果。

《劳动合同法》第十七条规定，劳动合同还应当具备以下条款：用人单位的名称、住所和法定代表人或者主要负责人；劳动者的姓名、住址和居民身份证或者其他有效身份证件号码；劳动合同期限；工作内容和工作地点；工作时间和休息休假；劳动报酬；社会保险；劳动保护、劳动条件和职业危害防护；法律、法规规定应当纳入劳动合同的其他事项。

三、社会保险与住房公积金

社会保险是国家通过立法的形式，由社会集中建立基金，以使劳动者在年老、患病、工伤、失业、生育等丧失劳动能力的情况下能够获得国家和社会补偿和帮助的一种社会保障制度。毕业生在签订就业协议或劳动合同时，常会遇到"五险一金"或"六险二金"等表述。"五险一金"是指用人单位给予劳动者的几种保障性待遇的合称，包括养老保险、医疗保险、失业保险、工伤保险、生育保险及住房公积金；"六险二金"是在"五险一金"的基础上增加了补充医疗保险和企业年金。

（一）养老保险

养老保险（养老保险制度）是国家和社会根据一定的法律和法规，为保障劳动者在达到国家规定的解除劳动义务的劳动年龄界限，或因年老丧失劳动能力退出劳动岗位后的基本生活而建立的一种社会保险制度。中国正在完善基本养老保险全国统筹制度，发展多层次、多支柱养老保险体系。实施渐进式延迟法定退休年龄。

（二）医疗保险

医疗保险是为补偿疾病所带来的医疗费用的一种保险。医疗保险同其他类型的保险一样也是以合同的方式预先向受疾病威胁的人收取医疗保险费，建立医疗保险基金；当被保险人患病并去医疗机构就诊而产生医疗费用后，由医疗保险机构给予一定的经济补偿。因此，医疗保险也具有保险的两大功能，即风险转移和补偿转移，即把个体身上由疾病风险所致的经济损失分摊给所有受同样风险威胁的成员，用集中起来的医疗保险基金来补偿由疾病所带来的经济损失。

（三）失业保险

失业保险是指为保证失去工作的职工在失业期间获得一定的收入补偿而建立的社会保险制度。根据国际惯例和我国的基本国情，我国的失业保险是由国家法律规定，通过建立失业保险基金，使失业人员在失业期间获得必要的经济帮助，保证其基本生活，并通过专业训练、职业介绍等手段为其重新就业创造条件的一种社会保险制度。

（四）工伤保险

工伤保险是指国家和社会为在生产、工作中遭受事故伤害和患职业性疾病的劳动者及亲属提供医疗救治、生活保障、经济补偿、医疗和职业康复等物质帮助的一种社会保障制度。

（五）生育保险

生育保险是通过国家立法规定在劳动者因生育子女而导致劳动力暂时中断时，由国家和社会及时给予物质帮助的一项社会保险制度。

我国生育保险待遇主要包括两项：一是生育津贴，用于保障女职工产假期间的基本生活需要；二是生育医疗待遇，用于保障女职工怀孕、分娩期间及职工实施节育手术时的基本医疗保健需要。

（六）补充医疗保险

补充医疗保险是相对于基本医疗保险而言，包括企业补充医疗保险、商业医疗保险、社会互助和社区医疗保险等多种形式，是基本医疗保险的有力补充，也是多层次医疗保障体系的重要组成部分。与基本医疗保险不同，补充医疗保险不是通过国家法规强制实施，而是由用人单位和个人自愿参加，是在单位和职工参加统一的基本医疗保险后，由单位或者个人根据需求和可能原则适当增加医疗保险项目来提高保险保障水平的一种补充性保险。

（七）住房公积金

住房公积金是指国家机关和事业单位、国有企业、城镇集体企业、外商投资企业、城镇私营企业及其他城镇企业和事业单位、民办非企业单位、社会团体与其在职职工对等缴存的长期住房储蓄。具体缴存比例由住房公积金管理委员会拟订，经本级人民政府审核后，报省、自治区、直辖市人民政府批准。城镇个体工商户、自由职业人员住房公积金的月缴存基数原则上按照缴存人上一年度月平均纳税收入计算。

（八）企业年金

企业年金制度是一种补充性养老金制度，是指企业及其职工在依法参加基本养老保险的基础上，自主建立的补充养老保险制度。在实行现代社会保险制度的国家中，企业年金计划已成为一种较为普遍实行的企业补充养老金计划，又称为"企业退休金计划"或者"职业养老金计划"，并且成为我国养老保险制度的重要组成部分。

知识拓展

职场新人必备的社保知识

试用期内，用人单位必须为员工缴纳社保，这是法律规定的。公司不缴纳社保是违法的，即使员工自愿放弃也不行。如果企业不给员工缴纳社保，员工可以要求企业缴纳，也可以向劳动部门反映，由劳动部门强制要求公司为员工缴纳社保。社保费用由单位和个人共同承担，比例因地区和保险类型而异。用人单位不可用商业保险替代社保。总之，社保是员工的重要保障，不可忽视。

第二节　保护就业权益

一、毕业生的就业权利与义务

（一）大学毕业生的就业权利

1. 就业指导权　接受就业指导权，是指大学毕业生有权从学校、社会、国家获得及时、有效的就业指导与就业信息服务。对于毕业生而言，接受就业指导具有重大意义，因为这些指导活动将直接影响到他们的职业选择、就业观念及求职技能等方面。

《中华人民共和国高等教育法》规定："高等学校应当为毕业生、结业生提供就业指导和服务。"

高校不仅应将就业指导纳入学生的教育课程之中，还应建立专门的就业辅导机构，并配备专业人员为毕业生提供就业指导。这包括向毕业生普及国家就业政策和方针、提供职业选择技巧的培训，以及引导毕业生根据国家和社会的需求并结合个人的实际情况来进行职业选择，帮助毕业生通过就业指导准确定位自己的就业方向，并做出合理的职业选择。

2. 信息知情权　就业信息知情权，是指大学毕业生拥有及时、全面地获取各种应该公开的就业信息的权利。

就业信息不仅涵盖国家针对毕业生求职和选择职业所制定的相关政策、法规，包括国家宏观经济的发展趋势及不同地区和行业的具体情况，包括潜在用人单位的规模、业务范围、产品线、市场定位、企业文化、工作环境、培训机会、福利待遇等综合情况，以及特定岗位的专业要求、入职条件和未来发展潜力等详细信息。这些就业信息构成了毕业生做出职业选择和就业决策的基石。

大学生的就业信息知情权具有三个层面的含义：①信息透明，即所有的就业信息都应当对毕业生公开透明，不允许任何组织、团体或个人对招聘信息进行隐瞒、扣留或发布虚假的招聘信息；②信息及时，意味着毕业生所接收到的就业信息必须是最新且具有实用价值的，不应传递已经过时或无效的资讯；③信息完整，毕业生有权获得准确、全面、详尽的就业信息，以便更深入地理解潜在用人单位和职位的情况，并依据自己的实际情况做出合适的职业决策。

3. 就业推荐权　接受就业推荐权是指高校毕业生拥有被学校如实、公正、及时地推荐到用人单位就业的权利。学校所提供的推荐对毕业生的就业前景具有显著的影响力。实际上，学校的推荐在很大程度上影响用人单位对毕业生的看法。

毕业生享有的接受就业推荐权包含以下几方面的内容。

第一，如实推荐。学校在推荐毕业生时应坚持客观真实的原则，即依据毕业生的实际能力和在校表现向用人单位提供准确信息，避免对毕业生进行不实的贬低或过分的夸大。

第二，公正推荐。学校在推荐过程中应保持公平，确保每位毕业生都享有平等的就业推荐机会，避免偏袒或歧视任何一方。

第三，择优推荐。学校应在公平和公开的基础上，根据毕业生的表现进行择优推荐。同样，用人单位在录用过程中也应遵循择优录用的原则，确保每位毕业生都能在其擅长的领域得到发挥，实现人才的最优配置。

4. 选择自主权　就业选择自主权，是指在遵循国家就业方针和政策的前提下，高校毕业生拥有依据个人意愿自由挑选职业的权利，包括但不限于决定是否参与职业工作、选择何种类型的职业活动、决定何时开始职业生涯，以及在何种类别或特定用人单位从事工作的权利。毕业生的就业选择自主权摒弃了行政分配和强制性就业的旧模式，充分展现了毕业生在人才市场中自由寻求职业的权益。

5. 就业权　平等就业权，是指依据国家的法律法规和政策指导，高校毕业生在求职过程中不会因为民族、种族、性别、宗教信仰、身体状况、社会背景等因素遭受就业上的不公平对待或歧视，也不会因此被剥夺、削弱或损害其就业的可能性。这种平等权意味着所有符合条件的毕业生都能够在学校推荐及参与单位的公开招募中得到平等对待，并在竞争中享有公正和平等的地位。同时，也要求用人单位在招聘毕业生及确定相应的薪酬福利时，必须坚持公平、公正的原则，对待所有毕业生都持平等态度。

6. 保护权　在求职和选择职业的过程中，毕业生往往需要向潜在用人单位披露一些个人信息。然而，毕业生所提供的信息应当严格限定在与职位要求直接相关的最小范围内。未经毕业生明确许可，任何组织或个人均不得擅自公开或利用毕业生的个人信息。此外，用人单位也不得以招聘为借口侵犯毕业生的隐私，探询与工作无关的私人事务。

7. 求偿权　违约求偿权，是指在高校毕业生与用人单位签订就业合同之后，若用人单位无正当理由违反或终止协议，毕业生有权向用人单位索取相应的经济补偿。一旦毕业生、用人单位和学校三方签订了就业协议，各方均有义务严格遵守协议条款，不允许任何一方单方面撕毁协议。若用人单位无正当理由提出解约，毕业生可以依据《中华人民共和国合同法》的相关规定，要求用人单位继续履行就业或签订正式的劳动合同。如果用人单位未能履行这些义务，用人单位必须对毕业生承担违约责任，并支付相应的违约赔偿金。

（二）大学毕业生的就业义务

权利与义务是相互依存、不可分离的关系。在享受国家规定的权利的同时，毕业生还需承担相应的责任和义务。

1. 遵循国家就业指导方针、政策及规定的义务　按照国家任务招收的各类毕业生，应顺应国家的需求，在国家宏观政策的引导下自由选择职业，为国家的社会主义事业和现代化建设贡献力量。

2. 履行特定的义务　对于因获得国家、社会或培养单位的特殊权益而享有特定权利的毕业生，根据权利与义务相一致的原则，必须执行超出一般大学生的特殊义务。例如，接受专项奖学金（助学金）或政府奖学金（助学金）的毕业生，应当履行相应的责任与义务，按照合同为相关单位服务一定期限。若因特殊情况无法履行该义务，则应退还所获得的专项或政府奖学金。对于家庭经济困难且未申请专项奖学金的学生，可申请助学贷款，毕业后有义务按时偿还贷款。

3. 诚实自荐的义务　在求职过程中，毕业生应如实向潜在用人单位介绍自己的情况，这是基本的职业道德要求。毕业生在填写推荐表、自荐信或向用人单位介绍自己时必须真实，不得捏造事实，既不过分夸赞自己的优点，也不隐藏自己的不足。只有真实地介绍自己，才能获得用人单位的信任和青睐。

4. 履行就业协议的义务　毕业生与用人单位签订的就业协议书属于我国民事法律调解的范畴，它强调民事主体间的平等地位，并要求双方在履行协议时遵循诚实守信、公平公正的原则。遵守就业协议是确保就业工作顺利进行的关键。任何一方都不得无故违约，应严格按照协议规定的程序行事，并履行相应的责任。毕业生一旦签订就业协议书，便不应随意违约。若毕业生不严格遵守就业协议书、随意违约，不仅会影响学校的就业秩序，也会损害用人单位、学校和其他学生的利益。只有在协议约定的解除条件成立或不可抗力事件发生时，毕业生才可单方面解除协议，放弃履行就业协议书。

5. **按时到用人单位报到的义务**　毕业生在正式签署就业协议书后，应具备法律意识，不应随意行事，要积极维护就业秩序，认真履行就业协议书规定的义务。

二、常见的求职陷阱

毕业生在就业过程中将面临多重竞争与挑战。由于当前就业形势严峻，毕业生在求职过程中可能遭遇各种求职陷阱。求职陷阱可能包括虚假招聘、收费陷阱、合同陷阱等，均可能对毕业生的职业生涯和个人权益造成不利影响。因此，毕业生在求职过程中需保持高度警惕，增强辨别能力，确保自身合法权益不受侵害。

（一）虚假招聘

某些用人单位在招聘时为了吸引资质更佳的毕业生，有时会对其实际情况进行夸大或故意隐瞒。例如，他们可能会故意夸大公司的规模和招聘职位的数量，进行误导性宣传。有些用人单位为了引起公众关注，即使并无真正的招聘意图，也会在媒体上发布招聘广告，甚至举办大规模的招聘会，将招聘活动转变为一种品牌宣传活动。

（二）收费陷阱

在求职市场上，部分用人单位会利用毕业生急切求得职位的心态收取各种不合理的费用，包括但不限于风险保证金、违约赔偿金、培训费、制服费等。还有些机构为了吸引毕业生，会提出一些听起来很有吸引力的条件，比如提供在大型或中型城市工作的机会，或者承诺帮助解决在这些城市的户籍问题等。

在面试过程中，有些单位可能会声称为了增进双方的信任，要求毕业生在正式工作前支付一定数额的押金。然而，一旦毕业生支付了押金并开始工作一段时间后，单位就可能以工作岗位需要调整为由，提出将毕业生分配到偏远地区或不受欢迎的部门。如果毕业生对此表示不满，单位就可能以不遵守安排为由拒绝退还押金。

《劳动合同法》规定："用人单位招用劳动者，不得扣押劳动者的居民身份证和其他证件，不得要求劳动者提供担保或者以其他名义向劳动者收取财物。"

（三）试用期陷阱

劳动合同中所规定的试用期，是用人单位和员工为了相互评估而共同约定的一段时期。在此期间，用人单位评估员工的工作表现，而员工也对用人单位的工作环境和条件进行考察，这是一个双向评估的过程。然而，有些用人单位却可能滥用试用期，包括：试用期的长度超出合理范围或与合同期限不相符；在试用期间要求员工承担违约责任；无正当理由在试用期内解雇员工；用实习期来替代试用期；在续签劳动合同时再次设定试用期；将试用期从合同期限中独立出来；仅签订试用期合同；试用期间的工资低于当地规定的最低工资标准；在试用期间不为员工缴纳社会保险等。

鉴于试用期的薪资和福利通常与正式聘用后存在差异，同时招聘成本相对较低，一些用人单位便利用毕业生迫切寻求工作的心态，利用持续的"试用"来获取成本最低的劳动力。

（四）传销陷阱

传销，原本指的是生产企业不通过传统零售渠道，而是通过销售人员直接向消费者推广和销售产品的商业模式。然而，这种模式目前已被国家明令禁止。传销活动的主要对象往往是那些迫切希望通过工作赚钱的人，特别是刚刚步入社会的大学毕业生。这些不法分子通常会以提供就业机会为幌子，以高薪为诱惑，根据求职者的个人情况和偏好，诱骗他们参与非法的传销活动。

一旦求职者落入圈套，他们的个人自由就会受到限制，从而被迫参与传销活动，包括支付 3000 至 4000 元的入会费用，或者花费相同数额购买传销产品作为加入的条件。此外，传销组织的策划者还可能采取扣押身份证件、控制通信设备、进行监视等手段来阻止受害者离开，同时强迫他们联系亲友加入或寄送钱物，从而非法获利。

（五）协议（合同）陷阱

就业协议是明确毕业生、用人单位在毕业生求职择业过程中权利和义务的书面协议，一经签订，对双方都有约束力。就业协议不等于劳动合同，在择业过程中，常见的就业协议陷阱有：用人单位以各种理由不与毕业生签订协议；签订就业协议时，用人单位要求附加补充协议，补充协议只规定了毕业生违约责任；用人单位不依据协议书内容与毕业生签订劳动合同；用人单位与毕业生签订非法合同等。

（六）智力陷阱

一些机构表面上遵循正规流程，对毕业生进行面试和笔试，实际上他们会将自身面临的难题包装成考核题目，要求毕业生解答或提出设计方案。但当毕业生凭借专业知识完成所承担的任务后，这些机构却会以各种借口拒绝录用，最终导致所有参与的毕业生都无法获得职位，而用人单位则占用了毕业生的劳动成果，使毕业生落入了一种智力上的圈套。

三、维权求助的途径

毕业生在自身权益遭受侵犯时，可依法通过以下途径寻求救助与维护自身合法权益。

（一）与用人单位协商

对于用人单位的一般违规行为或争议较小的问题，毕业生可与用人单位自行协商解决。协商过程中，双方可通过达成新的协议或由过错方改正错误来消除争议。协商应遵循平等、自愿、合法的原则，确保双方权益得到合理保障。

毕业生在遇到劳动合同纠纷或其他与就业相关的问题时，可向所在学校的就业指导中心或相关部门寻求帮助。学校作为毕业生的培养机构，是其维权的重要支持力量。学校就业指导中心通常具备专业的法律知识和丰富的实践经验，能够为毕业生提供法律咨询、纠纷调解等服务。对于学校推荐就业的用人单位，毕业生在与用人单位发生纠纷需要协商时，可以请求学校出面调解。学校与用人单位通常保持着较为密切的合作关系，这种关系有助于学校在调解过程中发挥积极作用。学校可以通过与用人单位的沟通，促使双方在平等、公正的基础上达成和解，从而有效解决纠纷。

（二）向劳动监察部门举报投诉

《中华人民共和国劳动法》规定，"县级以上各级人民政府劳动行政部门依法对用人单位遵守劳动法律法规的情况进行监督检查，对违反劳动法律法规的行为有权制止，并责令改正"。还规定，"任何组织和个人对于违反劳动法律、法规的行为有权检举和控告"。据此，劳动者发现自己的劳动权益受到侵害时，应及时向单位所在区县的劳动保障监察部门举报。

因此，毕业生如发现所在单位有侵害劳动者权益的违法现象，可以向单位所在地的劳动监察部门举报，要求他们进行检查或处罚，维护个人合法权益。

（三）劳动争议仲裁

如果无法通过与单位的协商来解决个人所遇到的问题，求职者可以向单位所在地劳动争议仲裁委员会要求仲裁。仲裁是处理争议的必经程序。劳动者申请仲裁，应自争议发生之日起 60 日内向劳动争议仲裁委员会提出书面申请。劳动争议仲裁委员会受理的劳动争议范围包括：因企业开除、除名、辞退职工和职工辞职、自动离职发生的争议；因执行国家有关工资、保险、福利、培训、劳动保护规定发生的争议；因履行劳动合同发生的争议；因法律、法规规定的其他劳动争议等。

（四）劳动诉讼

争议当事人对仲裁裁决不服的，可在收到仲裁裁决书之日起 15 日内向人民法院起诉。但需注意，未经劳动争议仲裁委员会仲裁的劳动争议案件，法院不予受理。

（五）信访

大学生在权益受到侵害时，还可以通过信访的方式，向各级工会、妇联以及政府信访部门反映，利用这些组织维护自己的合法权益。

（六）借助新闻媒体

新闻媒体可以很好地发挥舆论监督作用。学生可以通过媒体对各种不公正现象进行曝光、报道，引起相关部门对这些现象的重视，从而促使这些问题得到有效的解决。毕业生在碰到就业权益被侵犯时，如果采取了相关措施但仍然无法很好解决，可以向报纸、电视等新闻媒体反映，借助舆论力量解决问题。

如果毕业生在实际就业中遇到劳动保障方面的问题，还可以及时拨打全国统一的劳动保障公益服务专用电话——"12333"，咨询劳动保障的政策，获取有关信息，更好地维护自己的合法权益。

行动体验

参考范例

模拟签订就业协议

活动目的

熟悉就业协议书签订的注意事项。

活动说明

1. 以班级为单位，将全体学生平均分为若干个小组，每个小组以 6～10 人为宜。

2. 结合所学内容，模拟签订就业协议书。

注意要点

协议书的具体内容是整个就业协议的主体和关键部分，在模拟签订时一定要认真审查就业协议书的内容。首先，审查就业协议书的内容是否合法，是否符合国家相关法律法规的要求和规定；其次，审查协议双方的权利和义务是否合理。

书网融合……

微课 　　 习题 　　 本章小结

参考文献

［1］李婉，袁翔．新时代大学生职业生涯规划与发展实践指导教程［M］．北京：中国民主法制出版社，2024．

［2］彭萌萌，蔡素，金阳．筑梦青春 职引未来——大学生职业生涯规划与就业指导［M］．北京：中国民主法制出版社，2024．

［3］赵伟杰，王晓静．大学生职业生涯发展与规划［M］．北京：科学出版社，2024．

［4］郭倩，张研．基于社会认知职业理论的医学院校就业指导教育策略分析［J］．医学与社会，2018，10（31）：82－84．

［5］王云鹏，董晓辉．大学生职业生涯规划 医药专业学生专用版［M］．沈阳：辽宁教育电子音像出版社，2016．

［6］乔志宏，刘锐．大学生职业生涯规划与就业指导教程［M］．北京：清华大学出版社，2023．

［7］陈芳，陈凯乐，柳红姣．职业生涯规划与职业素养提升［M］．北京：机械工业出版社，2023．

［8］张海峰，许琳，战文彬．大学生职业生涯规划与就业指导［M］．北京：北京师范大学出版社，2023．

［9］齐晏，林鹰．大学生职业生涯规划与就业指导［M］．北京：北京师范大学出版社，2023．

［10］潘世华，邱健，韦一文．大学生职业生涯规划［M］．成都：西南财经大学出版社，2022．

［11］黄希红，徐健宁．大学生职业生涯规划与发展［M］．天津：天津人民出版社，2023．

［12］Toby Freedman, PhD. Biotechnology Entrepreneurship［M］. Amsterdam：Academic Press, 2014.

［13］Lawren C., Wu. Series：training the next generation, preparing for a career in biopharma research［J］. Trends in Immunology, 2015, 36（5）：290－292.